Rolf Sistermann

Leben in Erwartung: die christlichen Zukunftshoffnungen

Themenheft für den evangelischen Religionsunterricht in der Oberstufe

Vandenhoeck & Ruprecht

Mit 10 Abbildungen

Bibliografische Information der Deutschen Nationalbibliothek

Die Deutsche Nationalbibliothek verzeichnet diese Publikation in der
Deutschen Nationalbibliografie; detaillierte bibliografische Daten sind
im Internet über http://dnb.d-nb.de abrufbar.

ISBN 978-3-525-77686-5

Weitere Ausgaben und Online-Angebote sind erhältlich unter: www.v-r.de

Umschlagabbildung: © AQ_taro_neo/shutterstock.com

Satz: SchwabScantechnik, Göttingen
Umschlag: SchwabScantechnik, Göttingen
Druck und Bindung: ⊕ Hubert & Co., Göttingen

Gedruckt auf alterungsbeständigem Papier.

Inhalt

Baustein 1: Das Streben nach unvergänglichem Ansehen – Die Erwartung der Selbstbehauptung

Unterrichtsverlauf

1. Zum ersten thematischen Baustein stellen Sie in einem ersten Zugriff Überlegungen an, wieweit nicht nur die Vorstellungen von einem Leben nach dem Tod, sondern jedes menschliche Leben von Erwartungen bestimmt ist. Nach dem Soziologen und Philosophen Niklas Luhmann ist Erwartung die Form, in der wir uns in unserer Umwelt als einem ungewissen Terrain orientieren und eine begrenzte Verhaltenssicherheit gewinnen können. Sie können zu den einzelnen Sätzen aus dem Alltag, die die Bedeutung der Erwartungen für unser Verhalten verdeutlichen, passende Situationen erfinden lassen. Sie können auch ihre eigene Einschätzung der Bedeutung der Erwartung in ihrem Leben in einem Aphorismus formulieren und ihn mit den unter http://www.aphorismen.de/suche?f_thema=Erwartung&seite=20 gesammelten vergleichen.

Das alte Bild von der Himmelsleiter, das hier in neuer Version von einer Werbeagentur verwendet wurde, lässt darüber nachdenken, was wir vom Leben erwarten und welchen »Himmel« wir uns vorstellen.

Eine genauere Einordnung der verschiedenen Erwartungsformen können Sie aus dem Text des Philosophen Ernst Bloch gewinnen. Er zählt in seiner Gefühlstheorie Angst, Furcht, Hoffnung, Glaube und Sehnsucht zu den Erwartungsaffekten, die sich im Unterschied zu den »gefüllten Affekten« auf eine unbekannte Zukunft richten.

In den folgenden Texten geht es im engeren Sinn um die Erwartung des Todes.

Der Schweizer Politiker und Soziologe Jean Ziegler beschreibt, wie ihm eines Tages mit einem Schlag bewusst wurde, dass unser ganzes Tun »nichts als ein einziger Versuch ist, den Tod zu bannen«. Dass dieses Bewusstsein durchaus nicht selbstverständlich und allgemein verbreitet ist, sondern weitgehend verdrängt wird, unterstrich der französische Philosoph und Mathematiker Blaise Pascal schon vor über dreihundert Jahren in nachdrücklicher Weise.

2. In einem zweiten Zugriff setzen Sie sich mit dem Versuch auseinander, mit dem Bewusstsein der Endlichkeit und des Todes fertig zu werden, der für viele Menschen der nächstliegende zu sein scheint, nämlich dem Streben nach Ruhm und Ansehen. In der Karikatur von Steven Appleby wird dieses Streben in provozierender Weise angesprochen. Sie können darüber diskutieren, wieweit diese Haltung in weniger extremen Beispielen in unserer gesellschaftlichen Wirklichkeit verbreitet ist. Der Wiener Philosoph Konrad Paul Liessmann hält die Sehnsucht nach Ruhm für »eines der stärksten Indizien für das Bestreben der Menschen, ein Stückchen Unsterblichkeit zu erhaschen«. Er sieht dieses Streben bei Künstlern, Wissenschaftlern, aber auch Sportlern oder Politikern. Hier können Sie viele Beispiele von *Deutschland sucht den Superstar* über *Germany's next Topmodel* bis zur *Formel 1* und der Fußballweltmeisterschaft anführen.

An Hand der Karikatur des Schweizer Zeichners Hans Sigg *Der Weg eines erfüllten Lebens* können Sie darüber ins Gespräch kommen, ob die von der heutigen Konsumkultur angepriesenen Objekte des Begehrens wirklich zu einem erfüllten Leben gehören müssen. Wenn Sie genauer hinsehen, werden Sie bemerken, dass der Zeichner an vielen Stellen eher einen Schrott- oder Müllplatz andeutet.

Wenn in dieser Weise die scheinbaren Erfolgsattribute unserer Gesellschaft in Frage gestellt sind, werden Sie die Frage beantworten können, was der barocke Dichter Andreas Gryphius meint, wenn er behauptet: *Es ist alles eitel*. Der Begriff der Eitelkeit, der heute nur noch in Bezug auf Personen gebräuchlich ist, bezeichnete im Barock auch die Wertlosigkeit, Nichtigkeit und Vergänglichkeit von Dingen. Unter all dem, was nichts ist als »Schatten, Staub und Wind« nennt er ausdrücklich auch »der hohen Taten Ruhm«.

Eng mit diesem Aspekt verbunden ist die Betrachtung des Hochmuts als Sünde. Dem Text des Psychologen Heiko Ernst können sie entnehmen, welche Bedeutung der Superbia heute noch zukommt. Superbia, der Hochmut oder der Stolz, gehört neben dem Geiz, der Trägheit, der Unmäßigkeit, dem Neid, dem Zorn und der Unkeuschheit zu dem auf Papst Gregor I. († 604) zurückgehenden und in der katholischen Kirche heute noch geltenden Katalog der sieben Todsünden. Nach Martin Luther gibt es eigentlich nur eine Sünde, auf die alle anderen zurückgeführt werden können, nämlich die Selbstgerechtigkeit, d. h. der Glaube, ohne die Gnade Gottes gerechtfertigt zu sein. Selbstgerechtigkeit entspricht vor allen anderen Sünden am ehesten der Superbia.

3. In einem dritten Zugriff beschäftigen Sie sich mit einem weiteren Versuch, mit dem Bewusstsein des Todes fertig zu werden. In vielen Schlagern und Popsongs wird die Liebe als eine Möglichkeit gepriesen, ein Stück Unsterblichkeit und den Himmel zu erlangen. Der polnische Soziologe Zygmunt Bauman untersucht diese Verheißung und zeigt, dass sie notwendig scheitern muss. Wenn der sterbliche Mensch sich auf einen anderen Sterblichen verlässt und von ihm die Rettung erwarte, überfordere er ihn. Es ist, wie wenn zwei Ertrinkende sich aneinander festhalten. Jean Paul Sartre spricht in diesem Zusammenhang von der Liebe als einem gegenseitigen Betrug.

Wie kann dann der Philosoph Karl Jaspers dennoch behaupten »Wir sind unsterblich, wenn wir lieben«? Jaspers meint nicht die Liebe zu Menschen. Die weit verbreitete Hoffnung, im Gedächtnis der Kinder und Kindeskinder weiterleben zu können, kann uns seiner Meinung nach ebenso wenig helfen wie die, von anderen Sterblichen die Unsterblichkeit zu erhoffen. Einzig der Gedanke, dass es genügt, wenn »Gott ist«, kann den Menschen retten. »Entscheidung aus der Kraft der Liebe und dem Gebot des Gewissens ist Erscheinung dessen, was ewig schon ist.« So formuliert Karl Jaspers in Worten, die in einer mystischen Tradition stehen, die Sie im letzten Baustein näher kennenlernen.

4. Der vierte Zugriff des ersten Bausteins bringt eine weitreichende Möglichkeit, die bisher erarbeiteten Aspekte einzuordnen. Gleichzeitig ergibt sich daraus der Aufbau der drei nachfolgenden thematischen Bausteine. Der Text *Teilhabe oder Selbstbehauptung im Wissen um den eigenen Tod* hat im Themenheft also eine Gelenkfunktion. Der Philosoph Werner Becker hält Teilhabe und Selbstbehauptung für die zwei grundlegenden Arten, mit denen Menschen versuchen, mit dem Wissen um den eigenen Tod fertig zu werden. Es handelt sich um eine Typologie, die zwei Haltungen begrifflich erfasst, die in reiner Form kaum oder eher in neurotisch-krankhafter Weise in der Wirklichkeit zu finden ist. Die allermeisten Menschen werden versuchen, die beiden gegensätzlichen Haltungen in einer für sie charakteristischen Weise miteinander zu vereinbaren. Sie können aber alles, was zum Stichwort Superbia erarbeitet wurde, ziemlich eindeutig der Selbstbehauptung zuordnen. Die Liebe zu Gott, wie Jaspers sie beschreibt, ist ein Beispiel für das, was Becker Teilhabe nennt.

Die drei folgenden Bausteine beschäftigen sich mit drei verschiedenen Formen der Teilhabe, der supranaturalistischen, der apokalyptischen und der mystischen. Die Reihenfolge entspricht der gesteigerten Konsequenz, mit der Menschen versucht haben, auf individuelle Selbstbehauptung zu verzichten und sich damit zu begnügen, in irgendeiner Weise am ewigen Leben Gottes teilhaben zu dürfen.

M 1 Alltagserwartungen

Das kann man doch wohl erwarten!
Das hätte ich nun überhaupt nicht erwartet.
Das entspricht genau meinen Erwartungen.
Man darf eben nicht zu viel erwarten.
Von dir hätte ich aber mehr erwartet.
Du erwartest einfach zu viel.
Ich erwarte gar nichts. Dann kann ich auch nicht
enttäuscht werden.

Leiter zum Erfolg: © Frank Joss Communications, Albis-strasse 3, CH-6300 Zug/Schweiz, Fon: +41 (0)44 253 91 91, joss@frankjoss.ch, www.frankjoss.ch

Ernst Bloch: Die Hoffnung als Erwartungsaffekt (1959)

Die Reihen auf der [...] Tafel der Affekte sind [...] folgendermaßen definierbar: Gefüllte Affekte (wie Neid, Habsucht, Verehrung) sind solche, deren Triebintention kurzsinnig ist, deren Triebgegenstand bereit liegt, wenn nicht in der jeweiligen individuellen Erreichbar- 5 keit, so doch in der bereits zurhandenen Welt. *Erwartungsaffekte* (wie Angst, Furcht, Hoffnung, Glaube) dagegen sind solche, deren Triebintention weitsinnig ist, deren Triebgegenstand nicht bloß in der jeweiligen individuellen Erreichbarkeit, sondern auch in der bereits 10 zurhandenen Welt noch nicht bereit liegt, mithin noch am Zweifel des Ausgangs oder des Eintritts statthat. [...] Alle Affekte sind auf das eigentlich Zeithafte in der Zeit bezogen, nämlich auf den Modus der Zukunft, aber während die gefüllten Affekte nur eine unechte 15 Zukunft haben, nämlich eine solche, worin objektiv nichts Neues geschieht, implizieren die Erwartungsaffekte wesentlich eine echte Zukunft; eben die des Noch-Nicht, [...] Der wichtigste Erwartungsaffekt, der eigentlichste Sehnsuchts-, also Selbstaffekt bleibt 20 aber bei all dem stets die Hoffnung. Denn die negativen Erwartungsaffekte der Angst, Furcht sind bei aller Abwehr doch völlig leidend, gepreßt-unfrei. Ja in ihnen meldet sich gerade ein Stück von dem Selbstuntergang und dem Nichts, in das am Ende die bloße 25 passive Leidenschaft hineinströmt. Hoffnung, dieser Erwartungs-Gegenaffekt gegen Angst und Furcht, *ist deshalb die menschlichste aller Gemütsbewegungen und nur Menschen zugänglich*, sie ist zugleich auf den weitesten und den hellsten Horizont bezogen. Sie steht 30 jenem Appetitus [Streben; Begehren] im Gemüt, den das Subjekt nicht nur hat, sondern aus dem es, als unerfülltes, noch wesentlich besteht.

Ernst Bloch: Das Prinzip Hoffnung, Band 1, Frankfurt/M.: Suhrkamp 1959, 82 f.

1. Erfinden Sie zu den einzelnen Alltagserwartungen passende Situationen.
2. Man kann die Himmelsleiter auf dem Bild links als ein Symbol der Erwartungen ansehen. Welche können Sie entdecken? Reihen Sie sich selbst ein und überlegen Sie, welche Erwartungen an das Leben Sie haben.
3. Erklären Sie den Unterschied zwischen den gefüllten Affekten und den Erwartungsaffekten nach Ernst Bloch.

Jean Ziegler: Unser ganzes Tun ist nichts als ein Versuch, den Tod zu bannen (1993)

Man kann den Tod, sein absolutes Grauen und seine eherne Sinnlosigkeit in jedem Lebensalter entdecken. Ein kurzes Aufblitzen genügt. Dieses kann zu jeder Zeit und an jedem Ort geschehen. Mich traf es
5 an einem Winterabend des Jahres 1944 – ich war zehn Jahre alt – im Speisesaal des Thuner Waisenhauses. Männer der Wasserschutzpolizei hatten gerade einen schmächtigen, in eine Decke gehüllten Körper, den sie kurze Zeit zuvor aus dem eiskalten Wasser gezo-
10 gen hatten, auf den Tisch gelegt. Es war [mein Freund] Hans Berner. […] Mit einem Schlage begriff ich: Unser ganzes Tun ist nichts als ein einziger Versuch, den Tod zu bannen. In den dunklen Windungen unseres Gehirns verborgen, beherrscht der Tod noch den neben-
15 sächlichsten Gedanken. Er lädt sich selbst zu allen Festessen ein. Wenn wir lachen, weint er in uns. Kein Projekt – nicht einmal jenes, das den Tod zu leugnen sucht – kommt ohne ihn zustande. Er beseelt noch die geringste unserer Leidenschaften. Der Schrecken
20 des Todes wirft seinen Schatten auf alles und jeden. Er läßt keinen Bereich unseres Wesens unberührt. Das Wissen, daß mein Leben – mit einer Gewißheit, an der keine statistische Schwankung jemals etwas ändern wird – einmal endet, daß ich sterben werde, bestimmt
25 seit jenem Abend im Waisenhaus all meine Entscheidungen. In jenem Augenblick wurde mein Wunsch zu leben und die Welt zu verstehen, grenzenlos. Da sich jedoch Endlichkeit (der Existenz) und Grenzenlosigkeit (des Lebenswunsches) schlecht miteinander
30 vertragen, hat mich damals ein fieberhaftes Lebensgefühl erfaßt und seitdem nie wieder verlassen.

Jean Ziegler, Wie herrlich, Schweizer zu sein, München u. a.: Piper 1993, 54 f.

Blaise Pascal: In Erwartung des Todes (1670)

Bedenke ich die kurze Dauer meines Lebens, aufgezehrt von der Ewigkeit vorher und nachher; bedenke ich das bißchen Raum, den ich einnehme, und selbst den, den ich sehe, verschlungen von der unendlichen 35 Weite der Räume, von denen ich nichts weiß und die von mir nichts wissen, dann erschaudere ich und staune, daß ich hier und nicht dort bin; keinen Grund gibt es, weshalb ich grade hier und nicht dort bin, weshalb jetzt und nicht dann. Wer hat mich hier eingesetzt? 40 Durch wessen Anordnung und Verfügung ist mir dieser Ort und diese Stunde bestimmt worden? (205)

Man stelle sich eine Anzahl Menschen vor, in Ketten gelegt und alle zum Tode verurteilt, von denen immer einige Tag für Tag vor den Augen der andern 45 erdrosselt werden; so daß die, die zurückbleiben, ihre eigne Lage in der ihresgleichen sehen und voller Schmerz und ohne Hoffnung aufeinander schauen und warten, daß die Reihe an sie komme. Das ist ein Bild der Lage des Menschen. (199) 50

Wir sind Possenreißer, daß wir uns in der Gesellschaft von uns Gleichen erholen, die elend wie wir, unmächtig wie wir sind: sie werden uns nicht helfen; – allein wird man sterben. Also gilt es zu handeln, als ob man allein wäre; und würde man dann prächtige 55 Häuser bauen usw.? Man würde, ohne zu zögern, die Wahrheit suchen; und wenn man sich weigert, das zu tun, so beweist man, daß man die Achtung der Menschen höher schätzt als das Suchen der Wahrheit. (211)

Blaise Pascal: Über die Religion und über einige andere Gegenstände. Aus dem Französischen übertragen von Ewald Wasmuth, Heidelberg: Lambert Schneider 1978, 111 ff.

1. Vergleichen Sie den Text von Ziegler mit den Textausschnitten von Pascal in Bezug auf die Frage, wie die geschilderten Menschen in der Erwartung des Todes leben.
2. Nehmen Sie Stellung zu der Frage, wieweit diese Haltungen Ihren Erfahrungen entsprechen.

© Steven Appleby/Übersetzerin Ruth Keen

Konrad Paul Liessmann: Die Sehnsucht nach Ruhm (2003)

Es gibt wohl kaum eine Erfahrung, die Menschen in ihrer Existenz so sehr berührt wie die Erfahrung der Endlichkeit. Der Mensch ist das einzige Tier, das weiß, daß es sterben muß. Und es gehört wohl ebenso zu den
5 Grunderfahrungen des Menschen, daß er diese Endlichkeit eigentlich nicht akzeptieren will. Die von fast allen Religionen angebotenen Unsterblichkeits- oder Wiedergeburtsperspektiven künden ebenso davon wie die Bemühungen der Metaphysik, die Unsterblich-
10 keit der Seele zu beweisen. Letztlich können alle Anstrengungen der Menschen, etwas zu machen, was ihr eigenes Leben überdauert, von der Nachkommenschaft bis zu den »unsterblichen« Werken der Kunst, als Versuche gedeutet werden, die eigene Begrenztheit
15 und Endlichkeit zu überschreiten. Und die Sehnsucht nach Ruhm war und ist eines der stärksten Indizien für das Bestreben der Menschen, ein Stückchen Unsterblichkeit zu erhaschen.

Unter den Bedingungen der modernen Welt ha-
ben sich diese Strategien, der eigenen Zufälligkeit und 20
Endlichkeit zu trotzen, zweifellos gewandelt. Der religiöse Glaube an ein Weiterleben nach dem Tode hat seine Kraft verloren, die Versuche, eine unsterbliche Seele zu »beweisen«, sind mißlungen. Aber die Sehnsucht nach dem Ruhm ist geblieben, vielleicht sogar 25
stärker geworden. Die modernen Medien machen es nach einem Wort von Andy Warhol möglich, daß jeder für wenige Minuten berühmt sein kann. Ein kurzer Ruhm ist wie das Haschen nach einem Stückchen Bedeutsamkeit angesichts der ernüchternden Kontin- 30
genz und Beliebigkeit des Daseins. Und auch wenn es ein nur selten eingestandenes Motiv ist: was Künstler, Wissenschaftler, aber auch Sportler oder Politiker zu oft übermenschlichen Anstrengungen treibt, ist wohl nicht selten auch diese uralte Sehnsucht nach Ruhm. 35
Wenn man der unerbittlichen Zeit schon nicht Herr werden kann, möchte man ihr vielleicht wenigstens für kurze Zeit seinen Stempel aufprägen.

Konrad Paul Liessmann, http://www.philosophicum.com/
2003/index.html

1. Beschreiben Sie die von Steven Appleby karikierte Haltung des Mannes und erörtern Sie, wieweit diese der Realität entspricht.
2. Erläutern Sie, wie der Philosoph Konrad Paul Liessmann die Sehnsucht nach Ruhm erklärt.

Der Weg eines erfüllten Lebens

© Hans Rudolf Sigg, CH-6986 Cuirio

Andreas Gryphius: Es ist alles eitel (1637)
Du siehst/wohin du siehst nur Eitelkeit auf Erden.
Was dieser heute baut, reißt jener morgen ein:
Wo itzund Städte stehn/wird eine Wiese sein
Auf der ein Schäferskind wird spielen mit den Herden:

5 Was itzund prächtig blüht/soll bald zertreten werden.
Was itzt so pocht und trotzt ist Morgen Asch und Bein
Nichts ist/das ewig sei/kein Erz, kein Marmorstein.
Itzt lacht das Glück uns an/bald donnern die Beschwerden.

Der hohen Taten Ruhm muß wie ein Traum vergehn.
10 Soll denn das Spiel der Zeit/der leichte Mensch bestehn?
Ach! was ist alles dies/was wir für köstlich achten/

Als schlechte Nichtigkeit/als Schatten, Staub und Wind/
Als eine Wiesenblum/die man nicht wiederfind't.
Noch will was ewig ist/kein einig Mensch betrachten!

1. Diskutieren Sie die Frage, ob Hans Sigg seiner Zeichnung einen passenden Titel gegeben hat.
2. Erörtern Sie die Frage, wie die offenen Arme an der Himmelstüre zu verstehen sind.
3. Stellen Sie einen Zusammenhang zwischen der Zeichnung von Hans Sigg und dem barocken Gedicht von Andreas Gryphius aus der Zeit des Dreißigjährigen Kriegs her.
4. Erläutern Sie den Titel des Gedichts unter dem Aspekt der Lebenserwartungen.

Heiko Ernst: Hochmut und Eitelkeit (2006)

[Die sieben Todsünden] Neid, Zorn, Trägheit, Wollust, Hochmut, Völlerei und Habsucht sind auf vielfache Weise aufeinander bezogen und miteinander verwoben. (10)

5 *Hochmut* hat seit biblischen Zeiten die Gesichter der Überheblichkeit, der Abgehobenheit, des Dünkels und der Eitelkeit: Ich bin besser, schöner, klüger als andere. Selbstüberschätzung und intellektuelle Arroganz gehören heute zu seinen Erscheinungsweisen, eben-
10 so die vulgäre Zurschaustellung schönheitsoperierter und gestylter Körper. Andererseits gehört der medial aufbereitete tiefe Fall der Hochmütigen inzwischen zur Grundversorgung von Unterhaltung und Nachrichten: Wir delektieren [erfreuen] uns am Sturz der Eitlen in
15 die Lächerlichkeit und mit grimmiger Zufriedenheit registrieren wir die Verbannung der allzu Hochfahrenden ins existenzielle Aus. Dabei haben sich die Maßstäbe in den letzten Jahrzehnten dramatisch verschoben: Ein bestimmtes Maß an Narzissmus wird
20 heute jedem zugestanden, der mit anderen konkur-
rieren muss. Erfolg ist in der modernen Aufmerksamkeitsökonomie nicht ohne Selbsterhöhung und -überhöhung zu haben, denn die Aufmerksamkeit der anderen ist das Kapital, das sich am besten verzinst. Deshalb wird in Medien, Wirtschaft und Politik häu- 25 fig mehr Wert auf eine präsentable Oberfläche und auf Selbstdarstellung gelegt als auf inhaltliche Substanz. Im Zeitalter des *Eindrucksmanagements,* in dem eine Busenvergrößerung oder eine Serie von Botox-Spritzen als Weihnachtsgeschenk dienen, ist Eitelkeit 30 nur dann noch eine Sünde, wenn die Selbstinszenierung misslingt und als peinlich empfunden werden muss. (14 f.)

In der christlichen Theologie ist Hochmut die Wurzel allen Übels, der Verstärker aller anderen Todsün- 35 den. Aus Hochmut entsteht oft Neid, nämlich die Überzeugung: Ich verdiene etwas Besseres! Hochmut entfacht den Zorn, denn der Hochmütige ist unduldsam, wenn seine Maßstäbe oder Ansprüche nicht respektiert werden; Hochmut spricht aus den 40 Besitztümern und Statussymbolen, die die Habgier zusammengerafft hat. Der Hochmütige verfällt in Trägheit, weil er irgendwann glaubt, sich nicht mehr anstrengen zu müssen. Selbst mit 45 halber Kraft, so meint er, ist er immer noch besser als die anderen. Der Hochmut stellt sich im demonstrativen Konsum und in der übermäßigen Selbstverwöh- 50 nung aus, die das Merkmal der Völlerei sind, und er erhebt auch in der Befriedigung seiner sexuellen Lust vermessene Ansprüche. (38)

Heiko Ernst: Wie uns der Teufel reitet,
Von der Aktualität der 7 Todsünden
Berlin: Ullstein 2006

Hochmut, © Robert Gross Photography

1. Erklären Sie, warum der Hochmut seit dem 6. Jahrhundert zu den sieben Todsünden gezählt wurde und warum man ihn als die Wurzel allen Übels ansehen kann.
2. Ein Fotografie-Student hat eine Serie zu den Sieben Todsünden erstellt. Erörtern Sie, ob und warum Gross' Bild den Hochmut gut darstellt. Erstellen sie selbst ein passendes Bild, eine Collage oder ein Standbild.
3. Für Martin Luther gibt es eigentlich nur eine Sünde, auf die alle anderen zurückgeführt werden können, nämlich die Selbstgerechtigkeit, d. h. den Glauben, ohne die Gnade Gottes gerechtfertigt zu sein. Untersuchen Sie, wie sich der Hochmut dazu verhält.
4. Beschreiben Sie den Zusammenhang von Hochmut und Selbstbehauptung und vergleichen Sie Ihre Vorstellung von Selbstbehauptung mit der von Werner Becker in M 4.

M3 Unsterbliche Liebe

Zygmunt Bauman: Die Liebe als Versuch, die Sterblichkeit zu vergessen (1992)

Alle religiösen und philosophischen Systeme sagt Schopenhauer, sind »zunächst das von der reflektierenden Vernunft aus eigenen Mitteln hervorgebrachte Gegengift der Gewissheit des Todes«. (138)

5 Wahrscheinlich gäbe es keine Kultur, wären sich die Menschen nicht ihrer Sterblichkeit bewusst. Kultur ist eine ausgefeilte […] Einrichtung, um die Menschen vergessen zu machen, was ihnen bewusst ist. Gäbe es nicht das verzehrende Bedürfnis zu vergessen, wäre
10 Kultur nutzlos. […] In dem Licht, das die Sterblichkeit wirft, sieht jeder Lebenssinn blaß, farblos und unwirklich aus. Darum muß es gelöscht werden, und sei es nur für kurze Zeit und gelegentlich, denn sonst könnte der Sinn des Lebens nicht solide und zuver-
15 lässig erscheinen. Deshalb darf man behaupten, dass die ständige Todesgefahr – eine Gefahr die selbst dann bewusst bleibt, wenn sie in die dunklen Tiefen des Unterbewusstseins gespült wurde – das Fundament der Kultur sei. (48)

20 Die letzte Zufluchtsstätte der Transzendenz scheint die Liebesbeziehung zu sein. […] Nun wird vom Liebespartner erwartet, er solle Raum für Transzendenz schaffen, Transzendenz sein. Er oder sie muß der Spiegel sein, in dem meine Phantasien den Anschein von
25 Wirklichkeit gewinnen. […]. Mein eigenes, durch die Sterblichkeit seiner körperlichen Hülle beschränktes Selbst soll dadurch eine stellvertretende Unsterblichkeit erlangen, daß es seine persönliche Bindung zerreißt und freigesetzt wird. Es soll eine neue, ungebundenere und glaubhaftere Existenz innerhalb
30 des transindividuellen »Zweier-Universums« gewinnen. Es mag davon träumen, dass die Sterblichkeit des Selbst in diesem Prozeß durch das reine Meister-

stück besiegt wird, den hoffnungslos sterblichen, individuellen Körper zu verlassen. Der neue Rettungs-
35 anker des Überlebens ist jedoch ein anderer Körper und ein anderes Selbst, das ebenso wie das meinige in den wechselseitigen Konflikt verstrickt ist, aus dem nur Ausflüchte vorgeben, einen Ausweg zu weisen. Da der andere Körper ebenfalls schwimmt, wird er kaum
40 den Anker festhalten können. »Wir wollen ein Objekt haben, das ein wahrhaft idealtypisches Bild unserer selbst reflektiert. Aber kein menschliches Objekt vermag dies … Keine menschliche Beziehung könnte die Last der Göttlichkeit tragen« – so lautet Ernest Beckers
45 Fazit über das Schicksal der Liebe. (43 f.)

Schließlich habe ich meine Unsterblichkeit in ein anderes sterbliches Wesen investiert, und diese Tatsache wird auch die leidenschaftlichste Hingabe des Partners nicht lange verbergen können. Anders als
50 Gott oder der gesalbte Despot [uneingeschränkter Herrscher] hat mein Liebespartner den entschiedenen Nachteil, dass ich ihn ständig sehe, dass ich ihn aus der Nähe beobachte, und zwar auch in Situationen, die auf brutale Weise die Wahrheit seiner oder
55 ihrer körperlichen Sterblichkeit deutlich machen. Der Despot scheitert als Objekt der Überlebensstrategie, wenn er für alle sichtbar erkennen lässt, dass er über keine übermenschlichen Kräfte verfügt – wenn er Feigheit oder Unentschlossenheit an den Tag legt, in
60 einer Schlacht überlistet wird oder sie verliert. Der Liebespartner mag schon daran scheitern, dass er ein Mensch ist und an der endemischen [nur für ihn als Gattung geltenden], unaufhebbaren Dualität des Menschseins teilhat. (45)
65

Zygmunt Bauman, Tod, Unsterblichkeit und andere Lebensstrategien, Frankfurt/M.: Fischer 1994

---

1. Erläutern Sie, worin der Soziologe Zygmunt Bauman das Fundament der Kultur sieht.
2. Erklären Sie, woran und warum die Liebe seiner Ansicht nach scheitern muss.

Karl Jaspers: Wir sind unsterblich, wo wir lieben (1958)

Viele Menschen verwandeln den Unsterblichkeitsglauben derart, daß die persönliche Unsterblichkeit gleichgültig wird. »Ich sterbe, aber meine Kinder leben«, so heißt es jetzt. »Ich sterbe, aber mein Volk lebt.« »Ich
5 sterbe, aber eine herrliche Zukunft der Menschheit in Gerechtigkeit und Freiheit auf Erden wird leben.« »Ich sterbe, aber mein Werk lebt.« Der Verzicht auf die eigene Unsterblichkeit wird zur Gewißheit der Unsterblichkeit in anderer Gestalt. Doch dieses an-
10 dere ist nur vermeintlich unsterblich: für die Kinder, für das Volk, für jeden Zustand der Menschheit, für jedes Werk kehrt dieselbe Frage wieder. Der Unsterblichkeitsgedanke ist hier in die vorläufige Endlosigkeit eines immer wieder anderen Sterblichen geraten, die
15 schließlich selber ihr Ende hat.

Nur in einer einzigen Gestalt ist der Unsterblichkeitsdrang wahrhaftig als unwesentlich erloschen, im Gedanken: Daß Gott ist, ist genug; ich will nichts für mich, sondern will, was er will und was ich nicht weiß.
20 Hier ist die äußerste Grenze erreicht, wo alles, die Welt und wir selbst aufhören im Umgreifenden. Diese Grenze aber ist nur zugänglich, wenn wir den Weg zu ihr in der Welt wirklich beschreiten. Denn wir leben, so lange wir leben, ohne dieses Äußerste zu be-
25 treten. Wenn Gott ist, so ist der Mensch in der Welt nicht verloren. Vor Gott zwar wie nichts, ist er sich doch gewiß, daß es in irgendeinem Sinne in der Welt auf ihn als Menschen noch ankommt. Für die Wirklichkeit einer Welt, die nicht endgültig ist, wie sie ist,
30 und für ihn als einzelnen ist es nicht gleichgültig, was er tut und denkt.

Das ist der Weg, der zum eigentlichen Sinn des Unsterblichkeitsgedankens führt. Hier ist der entscheidende Wendepunkt der Erörterung: der Mensch liebt;
35 und er steht vor seinem Gewissen Er kann sich dem unterwerfen, was er als das Gute erkennt. Er verachtet sich, wenn er dem zuwiderhandelt, wenn er lügt, betrügt, verrät. [...]

Gelingt es, diese Gedanken nachzudenken und zur
40 Tat werden zu lassen, so geschieht eine Grundverwandlung unseres Weltwissens. Durch eine solche »Revolution der Denkungsart« ist Unsterblichkeit etwas ganz Anderes geworden. Sie ist nicht der Tatbestand eines früheren oder des kommenden Daseins.
45 Sie ist vielmehr die Ewigkeit, die in der Zeit berührt wird. [..] In diesem Leben, so muß der scheinbar widersinnige Satz lauten, wird zeitlich entschieden, was ewig ist. Die Entscheidung aus der Kraft der Liebe und dem Gebot des Gewissens ist Erscheinung dessen, was
50 ewig schon ist. Die Gegenwart des Ewigen ist schon die Unsterblichkeit. Dieser Unsterblichkeit bin ich gewiß in hohen Augenblicken, sie kann meinen Alltag begleiten. Unsterblichkeit ist nicht Inhalt unseres Wissens, sondern Gehalt unserer Liebe. Sie existiert
55 als Treue unseres Tuns, als Verläßlichkeit.

Dieses Bewußtsein der Unsterblichkeit braucht kein Wissen, keine Garantie, keine Drohung. Sie liegt in der Liebe als solcher, dieser wundersamen Wirklichkeit, in der wir uns selbst geschenkt werden. Wir sind sterblich, wo wir lieblos sind, unsterblich, wo wir lieben.
60

Karl Jaspers: Philosophie und Welt, München u. a.: Piper 1958, 149–153

1. Erläutern Sie, welche Lösungen der Frage nach der Unsterblichkeit der Philosoph Karl Jaspers verwirft und welche er als die einzig mögliche ansieht.
2. Erklären Sie, warum Bauman und Jaspers bezüglich der Liebe zu unterschiedlichen Ergebnissen kommen.

M4   Selbstbehauptung oder Teilhabe

Nach dem Philosophen Werner Becker müssen wir nicht nur die Religion, sondern unsere gesamte Kultur, die politischen Ideologien und auch die atheistischen Philosophien als Versuche verstehen, mit der Tatsa-
5 che fertig zu werden, dass wir um unseren Tod wissen, aber ihn uns nicht vorstellen können und nicht wahrhaben wollen. Man kann in dem Gedankengang seines Buches *Das Dilemma der menschlichen Existenz* (Stuttgart u. a. 2000) vier Schritte unterscheiden:
10   In dem ersten Schritt geht es um das Bewusstwerden der Sterblichkeit, das den Menschen grundlegend vom Tier unterscheidet. Der Mensch kann darauf mit Annahme oder Abwehr reagieren, kann aber nicht mehr dahinter zurück. Indem er sich bewusst geworden ist,
15 das der Tod nicht nur das andere Tier in seinem Rudel oder seiner Herde bedroht und schmerzhaft erfasst, sondern auch unausweichlich ihn selbst erreichen wird, ist er aus dem Paradies des zeitlosen Lebens herausgefallen und weiß, dass er sterblich ist. Mit der Anerken-
20 nung der Tatsache der eigenen Sterblichkeit verbindet sich das existenzielle Dilemma des Menschen. Nach Werner Becker bewirkt der Umstand, dass jeder das Schicksal des Todes mit einem jedem teilt, nicht ohne weiteres, »dass der Eindruck der Einmaligkeit durch
25 den Eindruck der Gleichheit ersetzt werden könnte«. Einerseits akzeptiert man, wie alle sterblich zu sein, und damit, dass der Tod nichts Besonderes ist. Andererseits erhält der eigene Tod eine einzigartige Bedeutung.
    In einem zweiten Schritt geht es um die spezifische
30 Ausprägung des menschlichen Individualitätsbewusstseins und die Ausprägung charakteristischer Lebensstile. Ist der Mensch sich einmal seiner Endlichkeit bewusst geworden, bleiben ihm auf der lebenspraktischen Ebene eigentlich nur zwei grundlegende Mög-
35 lichkeiten, die allerdings im gelebten Alltag meist in widersprüchlicher Weise vermengt sind. Die spezifische Art und Weise, wie ein Mensch auf das Wissen um den Tod reagiert, prägt in besonderer Weise seinen Charakter. Der eine Weg bedeutet einen weitgehenden
40 Verzicht auf Ausgestaltung der eigenen Individualität durch »Externalisierung« alles Besonderen. Dieser findet seine Bestimmung letztlich nur in der Teilhabe an einem überindividuellen unsterblichen Wesen. Mythisierung kann man als den Versuch betrachten,

das Dilemma von Besonderheit und Einzigartigkeit 45 auf der einen Seite und von Vergänglichkeit und Bedeutungslosigkeit auf der anderen Seite dadurch zu lösen, dass die Vorstellung von Individualität auf ein unsterbliches Wesen übertragen wird. In der verehrenden Teilhabe an diesem Wesen kann der Mensch 50 zwar nicht selbst der Sterblichkeit entgehen, aber an Unsterblichkeit und Unvergänglichkeit in einer wie auch immer gearteten Form teilhaben. Der andere ist der Weg des Heroismus oder der Individuation. Er versucht mit der Todesangst dadurch fertig zu werden, 55 dass das Selbst seine Größenphantasien auslebt und seine Individualität möglichst grandios inszeniert. Er bedeutet eine Steigerung durch Theatralik »grandioser Selbstinszenierung«. Man könnte auch sagen, es ist der Weg des Größenwahns und der Angeberei. 60
    In einem dritten Schritt kann man auf der theoretischen Ebene Teilhabe und Selbstbehauptung als grundlegende kulturelle Betätigungen unterscheiden. Beide Versuche, mit der Todesangst fertig zu werden, sind kulturprägend. Als Beispiele für den ersten Weg 65 nennt Becker alle religiösen und metaphysischen Bewegungen und speziell den Platonismus und das Christentum. Beispiele für den zweiten Weg findet Becker [....] in den Heldensagen aller Völker und in den meisten atheistischen Philosophien. Mit Ausnahme 70 von Max Stirner ist die Selbstbehauptung nirgendwo unverhüllter als Idee der möglichst grandiosen Selbstinszenierung ausformuliert als bei Friedrich Nietzsche. Auch das Unternehmertum im Kapitalismus ist für Werner Becker ein Beispiel für die Haltung der 75 Selbstbehauptung angesichts des Todes. Auch dort geht es seiner Meinung nach weniger um Habsucht als um das Streben nach dem knappen »Positionsgut« der gesellschaftlichen Anerkennung als hervorragender Unternehmer. 80
    In einem vierten Schritt des Gedankengangs geht es um die Kosten und den Erfolg der Versuche, mit der Todesangst fertig zu werden. Die Religionskritik hat immer nur die Versuche, an einem göttlichen Wesen und seiner Unsterblichkeit teilhaben zu wol- 85
len, für illusionär gehalten und die Anerkennung der Sterblichkeit als verheißungsvollen Weg zu einer befreienden Autonomie gepriesen. Werner Becker be-

tont dagegen, dass auch der Weg der Selbstbehauptung zum Scheitern verurteilt sei, weil die Positionen
gesellschaftlicher Anerkennung, die die Todesangst
verblassen lassen, knapp sind. Immer nur ganz wenige
könnten hoffen, sich einen Namen gemacht zu haben,
der noch einige Zeit im Gedächtnis der Menschheit
bleiben wird, und selbst die wenigen werden einmal
vergessen sein. Der Kampf um die knappen Positionen gesellschaftlicher Anerkennung entspricht dem
von Hobbes beschriebenen Kampf aller gegen alle. Besonders zerstörerisch wird er, wenn aus der Erkenntnis der Knappheit heraus die Dilemmaentlastung wie
im Nationalismus oder Kommunismus in einem he-
roischen Kollektivsubjekt gesucht wird.

1. Stellen Sie die vier Schritte Werner Beckers in einer Übersicht stichwortartig zusammen.
2. Der Philosoph und Theologe Paul Tillich vertritt die Lehre, dass alles endliche Sein von drei grundlegenden polaren Gegensätzen bestimmt wird: Partizipation vs. Individuation, Freiheit vs. Schicksal und Dyna-
mik vs. Form. Ordnen Sie das Dilemma der menschlichen Existenz diesen Gegensätzen zu und begründen
Sie die Zuordnung.
3. Erörtern Sie die Problematik des Weges der Selbstbehauptung (möglichst an Hand von selbst gefunde-
nen Beispielen).
4. »Das Schauererregendste aller Übel, der Tod, betrifft uns überhaupt nicht; wenn ›wir‹ sind, ist der Tod nicht
da; wenn der Tod da ist, sind ›wir‹ nicht. Er betrifft also weder die Lebenden noch die Gestorbenen, da er
ja für die einen nicht da ist, die andern aber nicht mehr für ihn da sind.« So argumentiert der antike Philosoph Epikur um 300 v. Chr. gegen Platons Lehre von der Unsterblichkeit der Seelen. Untersuchen Sie, ob
sich durch diese Betonung der Gleichheit aller Lebewesen gegenüber dem Tod das von Becker beschrie-
bene Dilemma der menschlichen Existenz lösen lässt.

Baustein 2: Die Hoffnung des Menschen auf Unsterblichkeit – Die supranaturalistische Erwartung

Unterrichtsverlauf

Bei diesem Baustein geht es um den wohl am weitesten verbreiteten Typ eines Glaubens an die Teilhabe am Ewigen Leben, nämlich den Glauben an eine individuelle Unsterblichkeit und ein Leben im Jenseits.

1. In einem ersten Zugriff beschäftigen Sie sich mit dem Geisterglauben. Der Psychologe Wilhelm Wundt, der am Anfang des vorigen Jahrhunderts ein großes Werk über die Völkerpsychologie geschrieben hat, führt diesen auf den Ahnenglauben zurück, der seiner Meinung nach am Ursprung jeder Religion stand. Der erste Text ist ein frühes Zeugnis, in dem das Für und Wider des Geisterglaubens erörtert wird. Plinius der Jüngere, der als römischer Staatsmann vor allem durch seine Briefe bekannt geworden ist, bekennt sich zu diesem Glauben, hält es aber auch für möglich, dass die Gespenster nur Produkte der Furcht des Menschen sind. Wenn Sie ein wenig recherchieren, werden Sie feststellen, dass der Geisterglaube nicht nur auf die Antike und fremde Völker beschränkt ist, sondern auch in vielen deutschen Märchen (z. B. *Von einem der auszog, das Fürchten zu lernen*) und Sagen vorkommt. Auch heute noch spielt dieser Glaube eine große Rolle. Nach einer Umfrage glaubte 2002 jeder zehnte Erwachsene in Westdeutschland an Geister. In den USA sind es noch viel mehr, wie schon die vielen Hollywoodfilme signalisieren (*The Sixth Sense, Ghost-Nachricht von Sam, Hinter dem Horizont, Poltergeist, Always* und viele andere). Sie können einige der angesprochenen Filme auf Gemeinsamkeiten mit der von Plinius erzählten Geschichte hin untersuchen. Der spanische Regisseur Amenábar hat einen raffinierten Film gemacht, in dem man erst am Schluss erfährt, dass er eine Geistergeschichte aus der Sicht der Verstorbenen erzählt hat, die die jetzt in ihrem ehemaligen Haus lebenden Bewohner für Geister halten. Sie können die Geschichte anhand der Inhaltsangabe aus der Sicht der neuen Bewohner erzählen, so dass klar wird, warum diese am Schluss das Haus verlassen müssen. Nehmen Sie den Film zum Anlass, die Praktiken und

die Geschichte des Spiritismus zu erkunden. Eine erste Information finden Sie unter http://www.questico.de/magazin/spiritualitaet/hellsehen/wenn_die_glaeser_wandern.do#.U95gG-N_sQg, eine eindringliche Warnung unter http://www.ethos.ch/wEthos_de/pdfs_archiv/gesellschaft/e09_2004_S20_29.pdf.

Eine literarisch berühmte Séance schildert Thomas Mann im letzten Kapitel seines Romans *Der Zauberberg,* nachdem er selbst an einer solchen teilgenommen hatte. Das Kapitel eignet sich gut für ein ergänzendes Referat.

2. In einem zweiten Zugriff lernen Sie die Ursprünge des Glaubens an eine Wiedergeburt kennen. Hier wird die ruhelose Seele nicht irgendwann von ihrem Leben als Geist erlöst, sondern kehrt in anderer Gestalt auf die Erde zurück. Zeugnisse dieses Glaubens finden sich in den ältesten Schriften der Hindus. Untersuchen Sie an dem Text aus den über zweieinhalbtausend Jahre alten *Upanishaden,* in welchem Zusammenhang der Glaube an die Wiedergeburt zum hinduistischen Kastenwesen steht. Die Abbildung erklärt, wie die Reinkarnation im modernen Hinduismus verstanden wird.

In Platons Text aus seinem Dialog *Phaidon,* der wahrscheinlich nur wenig später entstanden ist als das Lehrgedicht aus den *Upanishaden,* finden Sie auch ein Zeugnis für den Glauben an die Wiedergeburt der Seele, außerdem für die Geringschätzung des Körpers als dem »Kerker« der Seele und für die Vorstellung, dass es im Jenseits einen Ort gibt, an dem die Seelen sich reinigen müssen, indem sie Buße tun, um wiedergeboren zu werden.

3. In einem dritten Zugriff geht es um die katholische Vorstellung des Fegefeuers. Die Vorstellung eines Reinigungsortes der Seele wurde durch Papst Gregor I. im sechsten Jahrhundert in die römisch-katholische Glaubenslehre übernommen. Allerdings ist diese nicht wie bei Platon mit der Reinigung für ein neues Leben auf der Erde verbunden, sondern gilt als Vorbereitung für das Jüngste Gericht, in dem entschieden wird, ob

die Seele in den Himmel oder in die Hölle kommt. Im 12. Jh. nannte man diesen Ort Purgatorium oder Fegefeuer und verband ihn mit dem Ablasswesen, d. h. der Lehre, dass fromme Werke die Not der Verstorbenen im Fegefeuer lindern könnten. Die Ausartung des Handels mit Ablasszetteln war für Martin Luther und die Reformation der Anlass, die Lehre vom Fegefeuer ganz zu verwerfen. Statt frommer Werke betonen sie die allein selig machende Kraft der Gnade Gottes.

Auf dem Bild des norddeutschen Malers Wilm Dedeke übernimmt ein katholischer Priester, hier Papst Gregor I., die Vermittlung für die Seelen im Fegefeuer als Fürsprecher vor Christus.

Eine ausführliche Schilderung des Fegefeuers, in das die Seele kommt, wenn sie sich von der »Hülle« des Köpers getrennt hat, finden Sie in dem Text von Carmela Carabelli. Sie wurde in Italien durch Erbauungsschriften bekannt, die von der katholischen Kirche ausdrücklich anerkannt und empfohlen wurden. Auffällig ist, dass Carabelli sehr viel über das Leben nach dem Tode aussagen kann. In besonderer Weise hebt sie die Wirksamkeit der frommen Werke für die Verstorbenen hervor.

Ein Ausschnitt aus dem zurzeit verbindlichen katholischen Katechismus zeigt, dass die Lehre vom Fegefeuer auch heute noch unverändert in der katholischen Kirche gültig ist.

4. In einem vierten Zugriff lernen Sie die Ansichten von zwei der wichtigsten protestantischen Theologen des 20. Jahrhunderts über die Vorstellung der unsterblichen Seele und des Lebens in einer jenseitigen Welt kennen, Karl Barth und Paul Tillich. Bei allen Unterschieden sind sie sich einig, dass dies keine christliche Vorstellung ist. Karl Barth nennt die Vorstellung einer unsterblichen Seele eine »griechische Auffassung«. Das steht in Übereinstimmung mit dem Ausschnitt aus Platons *Phaidon*. Barth stellt dagegen die seiner Meinung nach genuin christliche Vorstellung, dass das Ewige Leben für den Christen eine Teilhabe am Ewigen Leben Gottes bedeute. »Der Mensch als solcher hat also kein Jenseits, und er bedarf auch keines solchen; denn Gott ist sein Jenseits.«

Prüfen Sie nach, ob es biblische Texte gibt, die diese Aussage in Frage stellen. Bemerkenswert und erstaunlich ist, dass das Alte Testament bis auf einige Stellen in späten Schriften, die kurz vor der Zeit Jesu geschrieben wurden, kein Leben nach dem Tode kennt (RGG, 4. A., Bd. 1, 916). Zur Zeit Jesu predigte die be-

sonders fromme jüdische Gruppe der Pharisäer den Glauben an ein Leben nach dem Tode, die traditionsbewussten Sadduzäer dagegen stritten dieses ab. Nach einer neutestamentlichen Geschichte (Mt 22, 23–32) nahmen diese anscheinend an, dass Jesus dem Glauben der Pharisäer zuneigte und stellten ihm deshalb eine Fangfrage. Aus der Antwort ergibt sich, dass Jesu keiner der beiden Parteien eindeutig zuzuordnen ist. Die Geschichte vom reichen Mann und armen Lazarus, die nur von Lukas überliefert ist (Lk 16, 19–31), scheint die Vorstellung von einem individuellen Leben nach dem Tode vorauszusetzen. Man kann sie jedoch auch als einen an die Vorstellungswelt der Pharisäer angepassten Aufruf zur Gerechtigkeit gegenüber den Armen lesen, wie er gerade für das Lukasevangelium typisch ist. In den Briefen des Paulus gibt es einige Stellen, besonders im 4. Kapitel des ersten Briefs an die Thessalonicher, die eine individuelle Auferstehung zu verkünden scheinen. Im vierten Baustein können Sie jedoch lernen, dass Paulus in den meisten seiner Schriften eine mystische Auffassung von einer Auferstehung »in Christus« vertritt.

Paul Tillich, der 1933 nach Amerika emigrieren musste und dort zu einem der einflussreichsten Theologen wurde, bezeichnet die Vorstellung einer jenseitigen Welt, die getrennt ist von der irdischen Welt und ihrer Geschichte, als Supranaturalismus. Er hält diesen »zweiten gegenständlichen Bereich wunderbarer Geschehnisse und himmlischer Gestalten (einschließlich Gottes) neben der natürlichen Welt der Geschichte« für eine Projektion »aller zweideutigen Inhalte des zeitlichen Lebens und der Wünsche, die diese erwecken, auf das Reich des Transzendenten«. Das entspricht der Religionskritik von Ludwig Feuerbach, der für diese Projektion auch schon den Begriff »Supranaturalismus« benutzte. Er selbst setzt dagegen eine antisupranaturalistische Auffassung des Symbols »Reich Gottes«, in der das Zeitliche und Ewige in einer paradoxen Weise miteinander verbunden ist. Was er damit genauer meint, sagt am Ende des vierten Bausteins ein weiterer Text Paul Tillichs. Tillich kritisiert vor allem bestimmte Formen christlicher Theologie. Am Ende des zweiten Bausteins wäre zu diskutieren und zu überlegen, ob der Begriff des Supranaturalismus auch die anderen Formen des Glaubens an eine unsterbliche Seele erfassen kann, die hier vorgestellt wurden: der Geisterglauben, die Wiedergeburt und die Lehre vom Fegefeuer.

M 1　Geisterglaube

Plinius d. J.: Der Glaube an Geister oder Gespenster (um 100 n. Chr.)

Mein hoch geschätzter Sura. Die Muße gibt mir die Gelegenheit, etwas von Dir zu lernen, und Dir, mich zu belehren. Deshalb möchte ich nur zu gerne wissen, ob Du glaubst, dass es Gespenster gibt und ob

5 sie eine eigene Gestalt und irgendeine eigentümliche Kraft haben oder ob sie wertlose, wesenslose sind und sie nur in unsrer Furcht ein klares Bild formen. Ich persönlich glaube an ihre Existenz. [...] In Athen war ein weitläufiges, geräumiges, aber verrufenes, Unheil

10 bringendes Haus. In der Stille der Nacht hörte man Eisengerassel, und wenn man stärker hinhörte, Kettenrasseln, zuerst weit weg, dann ganz in der Nähe. Darauf erschien ein Gespenst, ein alter Mann, abgemagert und total verdreckt, mit langem Bart und zer-

15 zaustem Haar; an den Beinen trug er Fußfesseln, an den Händen Ketten, die er schüttelte. Infolgedessen hielten sich die Bewohner aus Angst trostlose, grausige Nächte [lang] selber wach; die Schlaflosigkeit führte zum Krankwerden und bei zunehmender Furcht

20 zum Tode. Denn auch bei Tage war das Gespenst zwar verschwunden, gaukelte aber in ihrer Phantasie vor ihren Augen, und die Angst hielt länger vor als deren Ursache. Schließlich wurde das Haus aufgegeben, zum Verfall verdammt und gänzlich jenem Unhold

25 überlassen; immerhin wurde es ausgezeichnet, falls es jemand ohne Wissen jener Schrecknisse kaufen oder mieten wollte. Der Philosoph Athenodorus kommt nach Athen, liest den Anschlag, hört den Preis, holt Erkundigungen ein, da ihm die Niedrigkeit verdäch-

30 tig vorkam, erfährt alles und mietet es trotzdem, oder eigentlich gerade deswegen. Als der Tag sich dem Ende neigt, lässt er sich im vordersten Teil des Hauses sein Lager aufschlagen, [...] alle Seinen schickt er in die inneren Zimmer, er selbst richtet Geist, Au-

35 gen und Hand aufs Schreiben, damit sich nicht seine uneingeschränkte Phantasie die Erscheinungen, von denen berichtet worden war, und wertlose Schreckgespenster vorstelle. Am Anfang, wie schon überall, die Stille der Nacht, dann Eisenschläge, Kettengeschleife.

[...] Er schaut auf, erblickt und registriert die ihm be- 40 schriebene Gestalt. Sie steht da und winkt mit dem Finger, einem Rufenden gleich. Er erwidert seinerseits ein Zeichen, ebenfalls mit der Hand, noch etwas zu warten und widmet sich wieder Heft und Griffel. Das Wesen rasselte über dem Kopf des Schreibenden mit 45 den Ketten. Er erhebt seinen Blick wieder und erblickt dasselbe Bild wie schon zuvor: Die rufende Gestalt. Er wartet nicht länger, nimmt die Lampe und folgt ihr. Sie bewegte sich nur langsam, wie durch Ketten gebremst. Nachdem sie den Hof des Hauses betreten 50 hatte, löst sie sich plötzlich auf und lässt ihren Gefolgsmann allein. Alleingeblieben zieht er Gras und Blätter zusammen und lässt sie als Markierung an der Stelle. Am nächsten Tag geht er zu den Behörden und bittet sie, an der Stelle zu buddeln. Man findet 55 ein in Ketten eingewickeltes Skelett, das der im Laufe der Zeit in der Erde verweste Leichnam nackt und verwittert in den Fesseln zurückgelassen hatte; [die Knochen] werden exhumiert und auf Staatskosten beigesetzt. Das Haus war darauf, nachdem man die 60 Überbleibsel gebührend bestattet hatte, frei von Erscheinungen. Ich glaube diesen Bericht freilich nur so weit, wie er mir hieb- und stichfest von anderen bezeugt wurde [...] Du darfst auch, so wie Du es immer zu tun pflegst, dafür oder dagegen sprechen, doch für 65 die eine Sache mit mehr Nachdruck, damit Du mich nicht in Unruhe und Ungewissheit lässt, da ich doch nur deswegen anfrage, weil ich von meinen Zweifel freikommen will. Dein Gaius Plinius

Plinius, Der Glaube an Geister, http://www.die-lateinseite.de/index.htm

1. Schreiben Sie einen Antwortbrief an den römischen Staatsmann und Schriftsteller Plinius.
2. Vergleichen Sie die Erscheinung des Gespenstes bei Plinius mit der des Erlkönigs in Goethes Ballade: http://www.balladen.de/web/sites/balladen_gedichte/autoren.php?b05=12&b16=91.

The Others (Alejandro Amenábar, 2001)

Im Jahr 1945 wohnt Grace Stewart mit ihren beiden Kindern Anne und Nicholas in einem abgelegenen Landhaus auf der Kanalinsel Jersey, während ihr Mann Charles vor eineinhalb Jahren für England 5 in den Krieg gezogen ist. Die Kinder, die in bigotter Manier erzogen werden, leiden an einer Lichtallergie und dürfen deshalb niemals dem Sonnenlicht ausgesetzt werden. […] Das gesamte Personal des Hauses ist eines Tages ohne Nachricht verschwunden, so 10 engagiert Grace in der Woche darauf die Haushälterin Mrs Mills, den Gärtner Mr. Tuttle und die stumme Dienstbotin Lydia als neues Personal, die an ihrer Tür klingeln. […] Den Alltag stören zunehmend unerklärliche Vorfälle: Türen öffnen und schließen sich 15 von selbst, das Klavier erklingt wie von Geisterhand, unerklärbare Schritte hallen durch das Haus. Anne erzählt Grace sogar von einem gleichaltrigen Kind namens Victor und einer mysteriösen alten Frau, die sich häufiger mit ihr unterhalten haben soll. Kurz darauf 20 entdeckt Grace ein altes Fotoalbum mit Abbildungen Verstorbener, die kurz nach ihrem Ableben ein letztes Mal fotografiert wurden. Erschüttert verlässt Grace das Haus, um den Pfarrer der nahen Gemeinde wegen der vermeintlichen Heimsuchung durch übernatürliche Kräfte um Hilfe zu bitten. Doch Grace verirrt 25 sich im dichten Nebel und trifft dabei überraschenderweise ihren aus dem Krieg heimkehrenden Ehemann Charles. […] Am nächsten Morgen ist Charles allerdings ohne Abschied wieder verschwunden. Von nun 30 an eskaliert die Situation. […] In der folgenden Nacht schleichen sich die Kinder neugierig aus dem Haus. Zu ihrem Entsetzen finden sie im Garten drei Grabsteine mit den Namen der Angestellten Mrs. Mills, Mr. Tuttle und Lydia. Zur selben Zeit stößt Grace im 35 Haus auf ein Totenbild vom Dezember 1891 mit der Abbildung ihrer drei Hausangestellten. Wenig später werden Anne und Nicholas Zeugen einer Séance mit jener mysteriösen alten Frau als Medium, die bereits mehrmals Kontakt zu Anne gesucht hatte. Es stellt sich überraschend heraus, dass »die Anderen« keine Geister, sondern tatsächlich Menschen aus Fleisch und Blut sind. Grace und ihre Kinder hingegen sind be- 40 reits tot, sich aber über ihren eigenen Zustand im Unklaren. Die Belastung, sich ohne ihren Mann um ihre kranken Kinder kümmern zu müssen, und die daraus entstandene Isolation hatten Grace in den Wahnsinn und zur Verzweiflungstat getrieben, beide Kinder mit 45 ihren Kissen zu ersticken und sich daraufhin selbst zu erschießen. Seitdem wohnten sie als Geister im Haus, das inzwischen an eine andere Familie verkauft worden war, die auch für die unerklärlichen Geräusche und das Entfernen der Vorhänge verantwortlich war, 50 für Grace und ihre Kinder aber unsichtbar geblieben ist. Der im Krieg gefallene Charles war als Geist zurückgekehrt, um Abschied von seinen Lieben zu nehmen, bevor er wieder an den Ort seines Todes, an die Front des inzwischen beendeten Krieges, zurückkeh- 55 ren musste. […] Graces Gottvertrauen hat zwar gelitten, dafür aber gewinnt sie die Zuneigung ihrer Tochter zurück; auch wird die Liebe zu beiden Kindern und dem Haus noch stärker als zuvor. Während Mrs Mills für alle eine »gute Tasse Tee« zubereitet, betonen Gra- 60 ce und ihre Kinder mit dem wiederholt gemeinsam ausgesprochenen Satz »Dieses Haus gehört uns!« den ungebrochenen Besitzanspruch auf ihr Zuhause, das nun zu ihrem persönlichen Limbus wird. [Der Limbus ist nach katholischem Glauben ein Ort am Rande der 65 Hölle, an dem sich Seelen aufhalten, die ohne eigenes Verschulden vom Himmel ausgeschlossen sind.] Derweil verlässt die Familie der Lebenden das Anwesen, das daraufhin mit einem Schild am Tor wieder zum Verkauf angeboten wird.

http://de.wikipedia.org/wiki/The_Others

1. Erzählen Sie die Filmstory aus der Sicht der lebenden Hausbewohner.
2. Recherchieren Sie im Internet zu den Stichworten »Séance« und »Spiritismus«.

M2 Wiedergeburt

Die altindischen Upanischaden (um 650 v. Chr.)
Jene, welche im Dorfe mit den Worten: »Opfer und fromme Werke sind unser Tribut« Verehrung üben, die gehen ein in den Rauch [des Leichenfeuers], aus dem Rauche in die Nacht, aus der Nacht […] in die
5 Väterwelt, aus der Väterwelt in den Äther, aus dem Äther in den Mond; der ist der König Soma, und er ist die Speise der Götter, die verzehren die Götter. Nachdem sie dort, solange noch ein Bodenrest [ihrer guten Werke] vorhanden ist, geweilt haben, so kehren
10 sie auf demselben Wege wieder zurück, wie sie gekommen, in den Äther, aus dem Äther in den Wind; nachdem einer Wind geworden, wird er zu Rauch, nachdem er Rauch geworden, wird er zu Nebel, nachdem er Nebel geworden, wird er zur Wolke, nachdem er
15 Wolke geworden, regnet er herab.

Solche werden hienieden als Reis und Gerste, Kräuter und Bäume, Sesam und Bohnen geboren. Daraus freilich ist es schwerer herauszukommen; denn nur wenn ihn einer gerade als Speise verzehrt und als Sa-
20 men ergießt, so kann er sich daraus weiter entwickeln. Welche nun hier einen erfreulichen Wandel haben, für die ist Aussicht, daß sie in einen erfreulichen Mutterschoß eingehen, einen Brahmanenschoß oder Kshatriyaschoß oder Vaishyaschoß [das heißt:
25 in den Schoß der Frau eines Brahmanen, eines Kriegers oder eines Bauern oder Kaufmanns]; – die aber hier einen stinkenden Wandel haben, für die ist Aussicht, daß sie in einen stinkenden Mutterschoß eingehen, einen Hundeschoß, oder Schweineschoß, oder

© Himalayan Academy Publications, Kapaa, Kauai, Hawaii

in einen Candâlaschoß. [d. h. in den Schoß der Frau eines Parias]. 30

Wiedergeburt in Chandogya-Upanisad, übersetzt von Paul Deussen, Zehnter Khanda, Kiel 1897

1. Erläutern Sie, wie in diesem über zweieinhalbtausend Jahre alten Text und in der modernen Zeichnung im Hinduismus die Wiedergeburt verstanden wird.
2. Erklären Sie aus dem Text die Bedeutung dieses Glaubens für das bis heute in Indien verbreitete Kastenwesen.

Platon: Unsterblichkeit der Seele und Wiedergeburt (um 380 v. Chr.)

Die Seele also, wessen sie sich bemächtigt, zu dem kommt sie und immer Leben bringt mitbringend? [...] Also wird wohl die Seele das Gegenteil dessen, was sie immer mitbringt, nie annehmen, wie wir aus
5 dem vorigen festgesetzt haben? [...]

Gott wenigstens, sprach Sokrates, und die Idee des Lebens selbst wird wohl, wenn überhaupt etwas unsterblich ist, von jedem eingestanden werden, dass es niemals untergehe. (105b ff.)

10 Und freilich leuchtet auch ein, o Kebes, daß dies nicht die Seelen der Guten sind, sondern die der Schlechten, welche um dergleichen gezwungen sind herumzuirren, Strafe leidend für ihre frühere Lebensweise, welche schlecht war. Und so lange irren sie, bis
15 sie durch die Begierde des sie noch begleitenden Körperlichen wieder gebunden werden in einen Leib. Und natürlich werden sie in einen von solchen Sitten gebunden, deren sie sich befleißigt hatten im Leben. [...]

Wie, die sich ohne alle Scheu der Völlerei und des
20 Übermuts und Trunkes befleißigten, solche begeben sich natürlich in Esel und ähnliche Arten von Tieren. [...] Und gewiß ist es so doch auch mit den übrigen, dass jegliche der Ähnlichkeit mit ihren Bestrebungen nachgeht? [...]

25 Also, sprach er, sind auch wohl die glücklichsten unter diesen die, und kommen an den besten Ort diejenigen, welche der [...] bürgerlichen Tugend nachgestrebt haben, die man dann Besonnenheit und Gerechtigkeit nennt, die aber nur aus Gewöhnung und
30 Übung entsteht ohne Philosophie und Vernunft?

Wieso sind diese die glückseligsten?

Weil doch natürlich ist, daß diese wiederum in eine solche gesellige und zahme Gattung gehen, etwa in Bienen oder Wespen oder Ameisen, oder auch wieder in diese menschliche Gattung, und wieder ganz 35 leidliche Männer aus ihnen werden. [...]

In der Götter Geschlecht ist wohl keinem, der nicht philosophiert hat und vollkommen rein abgeschieden ist, vergönnt zu gelangen, sondern nur dem Lernbegierigen. Eben deshalb nun, o lieber Simmias und Kebes, 40 enthalten sich die wahrhaften Philosophen aller von dem Leibe herrührenden Begierden. (82a ff.)

Die nun dafür erkannt werden, einen mittelmäßigen Wandel geführt zu haben, begeben sich auf den Acheron, besteigen die Fahrzeuge, die es da für sie 45 gibt, und gelangen auf diesen zu dem See [dem Styx]. Hier wohnen sie und reinigen sich, büßen ihre Vergehungen ab, wenn einer sich irgendwie vergangen hat, und werden losgesprochen, wie sie auch ebenso für ihre guten Taten den Lohn erlangen, jeglicher 50 nach Verdienst. Deren Zustand aber für unheilbar erkannt wird wegen der Größe ihrer Vergehungen, weil sie häufigen und bedeutenden Raub an den Heiligtümern begangen oder viele ungerechte und gesetzwidrige Mordtaten vollbracht oder anderes, was 55 dem verwandt ist, – diese wirft ihr gebührendes Geschick in den Tartaros, aus dem sie nie wieder heraussteigen. (113b)

Es erkennen nämlich die Lernbegierigen [durch] die Philosophie [die] Seele [...] gebunden im Leibe 60 und ihm anklebend und gezwungen, wie durch ein Gitter durch ihn das Sein zu betrachten [...] und da sie die Gewalt dieses Kerkers erkennt, [versucht die Philosophie den Gebundenen] zu erlösen, indem sie zeigt, dass alle Betrachtung durch die Augen voller 65 Betrug ist. (83a)

Platon: Phaidon, übersetzt von Friedrich Schleiermacher,
2. Auflage Berlin 1817–1826

1. Beschreiben Sie das Schicksal der verschiedenen unsterblichen Seelen nach Platon.
2. Erläutern Sie, wie Platon das Verhältnis von Seele und Leib sieht.

Wilm Dedeke: Gregorsmesse, um 1496

Carmela Carabelli: Das Fegefeuer (1968)

Diese Botschaften wurden an Carmela Carabelli Mailand vom Barmherzigen Jesus diktiert. […] Solange ihr in der Hülle befangen seid, die ihr Körper nennt, ist die Seele wie unempfindlich dem Rufe Gottes gegenüber;
5 aber sobald sie befreit ist von den Banden, die sie an die Erde binden, möchte sie im Fluge zu Gott eilen; der Gedanke, Ihn zu entbehren, wird für die Seele zur unbeschreiblichen Qual. […] Das reinigende Feuer, in das die Seelen getaucht sind, wird insbesondere jene

Teile des Körpers quälen, die Ursache zur Sünde wa- 10
ren. Ich habe dir vom Körper gesprochen; obwohl er auf der Erde zurückgelassen wird, werden die Seelen das Gefühl haben, ihn noch zu besitzen, damit er an der Strafe, die der Herr der Seele auferlegt hat, teilhaben kann.[…] Dies ist auch ein Akt der Gerechtigkeit 15
vonseiten Gottes, weil das Fegefeuer nach dem letzten Gericht nicht mehr existieren wird und der Körper, der mit der Seele gesündigt hat, unbestraft bliebe. Sofort nach dem Tode fliegt die Seele spontan in diesen Reinigungsort. […] Der einzige Trost für die Seelen, die 20
im Gefängnis der Reinigung leiden, ist die Hoffnung, daß sie es schließlich eines Tages verlassen können. […] Vor allem aber helfen sie jenen, die, indem sie für sie beten, flehen, daß ihnen durch sie geholfen werde. Du verstehst sofort, welche Wichtigkeit das Gebet für 25
diese Seelen hat: während es ihnen Trost und Hilfe gibt und ihre Befreiung beschleunigt, erlangt es euch von Gott Gnaden und besondere Gunsterweise. […] Es gibt Seelen, die seit sehr vielen Jahren im Fegefeuer leiden. Niemand denkt an sie, vielleicht weil auch sie selbst 30
im Leben nie daran dachten, anderen zu helfen. Es ist daher ein großer Liebesdienst […] ihre Befreiung zu beschleunigen. […] Wie kannst du den Seelen im Fegefeuer helfen? Auf tausend Arten. Du kannst für sie die Verdienste deiner guten Werke aufopfern, deine Opfer, 35
deine Almosen, deine Gebete. Aber das Gebet und das Opfer, das ihnen am meisten hilft und ihr Los erleichtert, ist das Opfer der heiligen Messe, da es Mein dem Vater für sie dargebrachtes Opfer ist. Bedenke aber auch, daß dieser Liebesdienst, den du tun kannst, solange du 40
auf Erden bist, auch eine Pflicht der Gerechtigkeit ist.

http://kath-zdw.ch/maria/fegefeuer.html

1. Im 6. Jh. n. Chr. hat Papst Gregor I. die Vorstellung von einem Reinigungsort für die Seelen in den katholischen Glauben übernommen. Ab dem 12. Jh. wurde diese Vorstellung mit dem Ablasswesen verbunden, d. h. der Lehre, die Gläubigen könnten in der Kirche durch fromme Werke wie Messen, Opfer und Gebete die Qual der Seelen im Fegefeuer lindern und verkürzen. Beschreiben Sie, wie der norddeutsche Maler Wilm Dedeke im Spätmittelalter dies auf seinem Bild darstellt.

2. In der Reformation wurde diese Lehre für die evangelischen Kirchen verworfen. Vergleichen Sie den folgenden Text aus der Erbauungsschrift von 1968 mit dem zurzeit gültigen katholischen Katechismus und untersuchen Sie, ob diese Lehre heute noch in der katholischen Kirche vertreten wird.

3. Prüfen Sie, inwieweit man hier von Supranaturalismus sprechen kann.

Benedikt XVI., Katholischer Katechismus: Himmel, Fegefeuer und Hölle (2005)

205. Was geschieht im Tod mit unserer Seele und unserem Leib? Durch den Tod wird die Seele vom Leib getrennt. Der Leib fällt der Verwesung anheim. Die Seele, die unsterblich ist, geht dem Gericht Gottes entgegen und wartet darauf, wieder mit dem Leib vereint zu werden, der bei der Wiederkunft des Herrn verwandelt auferstehen wird. Das *Wie* dieser Auferstehung übersteigt unsere Vorstellung und unser Verstehen. [...]

207. Was ist das ewige Leben? Das ewige Leben ist das Leben, das gleich nach dem Tod beginnt. Es wird kein Ende haben. Ein besonderes Gericht durch Christus, den Richter der Lebenden und der Toten, wird für jeden Menschen dem ewigen Leben vorangehen, und durch das Letzte Gericht wird es bestätigt werden.

208. Was ist das besondere Gericht? Es ist das Gericht der unmittelbaren Vergeltung, die jeder gleich nach seinem Tod in seiner unsterblichen Seele entsprechend seinem Glauben und seinen Werken von Gott erhält. Diese Vergeltung besteht im Eintreten in die Seligkeit des Himmels, unmittelbar oder nach einer entsprechenden Läuterung, oder im Eintreten in die ewige Verdammnis der Hölle.

209. Was versteht man unter »Himmel«? Unter »Himmel« versteht man den Zustand höchsten, endgültigen Glücks. Jene, die in der Gnade Gottes sterben und keiner weiteren Läuterung bedürfen, werden mit Jesus und Maria, mit den Engeln und den Heiligen vereinigt. Sie bilden so die Kirche des Himmels, wo sie Gott »von Angesicht zu Angesicht« (1Kor 13, 12) schauen, in einer Liebesgemeinschaft mit der heiligsten Dreifaltigkeit leben und für uns eintreten. [...]

210. Was ist das Purgatorium (Fegefeuer)? Das Purgatorium ist der Zustand jener, die in der Freundschaft Gottes sterben, ihres ewigen Heils sicher sind, aber noch der Läuterung bedürfen, um in die himmlische Seligkeit eintreten zu können.

211. Wie können wir den Seelen im Purgatorium helfen? Kraft der Gemeinschaft der Heiligen können die Gläubigen, die noch auf Erden pilgern, den Seelen im Purgatorium helfen, indem sie Fürbitten und besonders das eucharistische Opfer, aber auch Almosen, Ablässe und Bußwerke für sie darbringen.

212. Worin besteht die Hölle? Sie besteht in der ewigen Verdammnis jener, die aus freiem Entschluss in Todsünde sterben. Die schlimmste Qual der Hölle besteht im ewigen Getrenntsein von Gott.

Benedictus PP XVI: Katechismus der katholischen Kirche, Kompendium, Libreria Editrice Vaticana 2005

Karl Barth: Die Sterblichkeit der Seele und Gott als das Jenseits des Menschen (1948)

Die griechische Vorstellung von der Seele als einem zweiten höheren »Teil«, einer unvergänglichen, womöglich präexistenten und jedenfalls unsterblichen geistigen Substanz der menschlichen Wirklichkeit –
5 ihre Entgegensetzung zum Leibe als zu deren niederem, sterblichen Teil, die Vorstellung von ihr als von einer Gefangenen im Kerker ihres Leibes – ist nicht biblisch. […]

Der eine Mensch ist zugleich und ganz Seele und
10 Leib. […] Wir widersprechen damit der abstrakt dualistischen Auffassung, die wir […] abkürzend die griechische genannt haben, die aber leider auch die altkirchliche genannt werden muß. Nach ihr sind Seele und Leib zwar verbunden – wesentlich und notwen-
15 dig vereinigt sogar – aber doch nur als die zwei »Teile« der menschlichen Natur, von denen ein jeder als eine besondere, der anderen gegenüber selbständige und qualitätsfremde Substanz zu verstehen ist: geistig, unräumlich, unauflösbar, unsterblich die Seele, materiell,
20 räumlich, auflösbar, sterblich der Leib. […] So sieht die Ansicht vom Menschen aus, die von der römischkatholischen Dogmatik noch heute als die christliche vorgetragen wird. […] Gerade in dieser Lehre von der Unsterblichkeit der Seele verrät sich und stabilisiert
25 sich eine Überschätzung dieses ersten Momentes der menschlichen Wirklichkeit, die eine fast nur noch negative Einschätzung […] der Leiblichkeit notwendig nach sich ziehen mußte. […] (454 f.)

Es […] ist insofern gut und recht so, daß das Sein
30 des Menschen in der Zeit endlich, daß der Mensch sterblich ist. […] Es ist der Tod des Menschen ein Schritt aus dem Sein ins Nichtsein, wie jener Anfang sein Schritt aus dem Nichtsein ins Sein gewesen ist. […]

Der Mensch als solcher hat also kein Jenseits, und 35 er bedarf auch keines solchen; denn Gott ist sein Jenseits. Daß er, Gott, als des Menschen Schöpfer, Bundesgenosse, Richter und Retter sein schon in seinem Leben und endgültig, ausschließlich und total in seinem Tode treues Gegenüber war, ist und sein wird, das 40 ist des Menschen Jenseits. Er, der Mensch als solcher, aber ist diesseitig und also endend und sterbend und wird also einmal nur noch gewesen sein, wie er einmal noch nicht war. Daß er auch als dieser Gewesene nicht Nichts, sondern des ewigen Lebens Gottes teil- 45 haftig sein werde, das ist die ihm in diesem Gegenüber mit Gott gegebene Verheißung, das ist seine Hoffnung und Zuversicht. Ihr Inhalt ist also nicht seine Befreiung von seiner Diesseitigkeit, von seinem Enden und Sterben, sondern positiv: die ihm von dem 50 ewigen Gott her bevorstehende Verherrlichung gerade seines von Natur und von Rechts wegen diesseitigen, endenden und sterbenden Seins, sondern positiv: daß eben dieses sein Sein in seiner Zeit und also mit seinem Anfang und Ende vor den Augen des gnädi- 55 gen Gottes und so auch vor seinen eigenen und vor aller Anderen Augen – in seiner verdienten Schande, aber auch in seiner unverdienten Ehre offenbar werde und so von Gott her und in Gott ewiges Leben sein möchte. (771 f.) 60

Karl Barth: Die Kirchliche Dogmatik, Bd. III, 2, Zollikon Zürich: Theologischer Verlag 1948

1. Stellen Sie die zwei Auffassungen vom Jenseits, die der Theologe Karl Barth unterscheidet, in einem übersichtlichen Schema dar.
2. Erklären Sie, warum Barth die griechische Auffassung ablehnt.
3. Nehmen Sie Stellung zu seiner Ansicht über das Jenseits.

Paul Tillich: Die supranaturalistische Antwort auf die Frage nach dem Ewigen Leben (1963/1948)

Was ist der Inhalt des Lebens, das wir »das Ewige Leben« nennen; oder was ist der Inhalt des Reiches, das als transzendente Erfüllung unter der Herrschaft Gottes steht? [...]

Die populäre Vorstellung und der Supranaturalis-
5 mus können sehr viel über das transzendente Reich aussagen, denn sie sehen in ihm das idealisierte Abbild des Lebens, wie es innerhalb der Geschichte und unter den allgemeinen Bedingungen der Existenz erfahren wird. Bezeichnenderweise fehlen diesem Ab-
10 bild des Lebens die negativen Züge, die wir zum Beispiel als Endlichkeit, als das Böse, als Entfremdung usw. erleben. Alle von der essentiellen Natur des Menschen und seiner Welt abgeleiteten Hoffnungen sind erfüllt. Die populären Hoffnungsbilder übertreffen
15 jedoch die Grenzen der wesensmäßig berechtigten Hoffnung. Sie sind Projektionen aller zweideutigen Inhalte des zeitlichen Lebens und der Wünsche, die diese erwecken, auf das Reich des Transzendenten. Dieses übernatürliche Reich hat keine unmittelbare
20 Beziehung zur Geschichte und zur Entwicklung des Universums. Es liegt in der Ewigkeit, und es ist das Problem der menschlichen Existenz, ob und auf welche Art der einzelne Mensch Zugang zu dem transzendenten Bereich finden kann. Die Geschichte gilt
25 als wichtiges Element nur im irdischen Leben des Menschen, sie ist ein endlicher Prozeß, innerhalb dessen der Einzelne Entscheidungen treffen muß, die wichtig für seine eigene Erlösung sind, nicht aber für das Reich Gottes, das jenseits der Geschichte liegt. Of-
30 fensichtlich wird damit die Geschichte ihres letzten Sinnes beraubt. Sie ist sozusagen der irdische Bereich, aus dem Einzelne in das himmlische Reich überführt werden. Alles geschichtliche Handeln, wie ernsthaft und vom Geiste erfüllt es auch sein mag, trägt nichts bei für das himmlische Reich. Die Kirchen sind Heils- 35 anstalten, aber nur für die Erlösung Einzelner, nicht für die soziale und universale Verwirklichung des Neuen Seins.

Es gibt noch eine [andere und bessere] Antwort auf die Frage nach der Beziehung der Geschichte zum 40 Ewigen Leben. Sie entspricht der dynamisch-schöp-ferischen Interpretation des Symbols »Reich Gottes« wie der anti-supranaturalistischen oder paradoxen Auffassung von der Beziehung des Zeitlichen zum Ewigen. Ihre Grundthese ist, daß das immer gegen- 45 wärtige Ende und Ziel der Geschichte den positiven Inhalt der Geschichte in die Ewigkeit erhebt, während es zugleich das Negative von der Teilnahme an ihr ausschließt. Darum ist nichts, was in der Geschichte geschaffen wird, verloren; aber es wird von den nega- 50 tiven Elementen befreit, mit denen es innerhalb der Existenz vermischt war.

P. Tillich: Systematische Theologie Bd. III (1963), Stuttgart: Evangelische Verlagsanstalt 1966, 448 ff.

Das supranaturalistische Verständnis des Verhältnis-ses von Transzendenz und Immanenz betrachtet da-gegen »das Transzendente als einen zweiten gegen- 55 ständlichen Bereich wunderbarer Geschehnisse und himmlischer Gestalten (einschließlich Gottes) neben der natürlichen Welt der Geschichte«.

P. Tillich: Die Auflösung der Gesellschaft in den Christlichen Ländern (1948), in: Gesammelte Werke X, Stuttgart: Evangelische Verlagsanstalt 1968, 290

1. Erklären Sie, was der Philosoph und Theologe Paul Tillich unter Supranaturalismus versteht.
2. Suchen Sie nach Beispielen und diskutieren Sie, ob man Geisterglaube, Wiedergeburt und Fegefeuer auch unter diesem Begriff fassen kann.

Baustein 3: Die Angst vor Weltuntergang und Weltgericht – Die apokalyptische Erwartung

Unterrichtsverlauf

Dieser Baustein thematisiert eine Antwort auf die Frage nach einem Leben nach dem Tod, die auf den ersten Blick ähnlich wie die supranaturalistische erscheint, bei genauerer Beschäftigung aber gravierende Unterschiede erkennen lässt. Hier geht es nicht um das unsterbliche Leben einer einzelnen Seele im Jenseits, sondern um die Zugehörigkeit zu einer Gemeinschaft der auserwählten Gerechten, die gegen den Feind Gottes, den Satan und seine Gefolgsleute, kämpfen und in einem letzten Gericht ihren Lohn erhalten werden.

1. Ähnlich wie Baustein 2 beschäftigt sich Baustein 3 im ersten Zugriff zunächst mit Zeugnissen dieser Denkweise in modernen Filmen. Im Unterschied zu den Filmen, die auf den Gespensterglauben zurückgreifen, geht es hier um Filme, die einen drohenden Weltuntergang und den damit verbundenen Endkampf zwischen Gott und dem Teufel beschwören. Hier könnte man viele nennen, wie z. B. *Das Siebte Siegel* (1957), *Rosemaries Baby* (1968), *Das Omen* (1976), *Das siebte Zeichen* (1988), *Dogma* (1999), Unter http://www.moviepilot.de/filme/beste/handlung-apokalypse?page=4 sind über 150 apokalyptische Filme zusammengestellt. Der 1999 unter der Regie von Peter Hyams entstandene Film *End of Days* greift am Ende des zweiten Jahrtausends das Motiv des in der Johannesoffenbarung angesprochenen Kampfes um das Tausendjährige Reich (Apk Joh 20,1–3) auf. Ein Vergleich der Darstellung des Teufels im Film mit anderen bekannten Teufelsdarstellungen ist ertragreich, ebenso wie die Hinzuziehung der bedenkenswerten symbolischen Darstellung des Teufels in dem Film *Im Auftrag des Teufels*. Hier wird der Unterschied zwischen einem Wörtlichnehmen des Mythos und einem gebrochensymbolischen Verständnis vor Augen geführt.

In dem Text des Religionswissenschaftlers Hans Joachim Schoeps erfährt man einiges über den Ursprung des Glaubens an einen Endkampf zwischen einem guten Gott und einem bösen Gott und an das Weltgericht. Diese Motive stammen nicht etwa aus dem Alten Testament, sondern finden sich viel deutlicher in der in den *Avestas* niedergeschriebenen Lehre des Zarathustra, der wahrscheinlich vor dem 6. Jahrhundert v. Chr. in Persien gelebt hat.

2. Ein zweiter Zugriff beschäftigt sich mit den apokalyptischen Schriften in der Bibel. Dazu zählen im Alten Testament das Buch Daniel, das wahrscheinlich erst sehr spät, nämlich im 2. Jh. vor Chr. entstanden ist, als Israel von den hellenistischen Seleukiden beherrscht wurde, und im Neuen Testament das letzte Buch der Bibel, die sogenannte Offenbarung des Johannes, die in der Zeit der Christenverfolgung durch die römischen Kaiser Nero und Domitian entstanden ist. Dazu kommt im AT die Vision des Propheten Ezechiel (Kap. 37, 1–14) und im NT die sogenannte synoptische Apokalypse, die am ausführlichsten im 24. Kapitel des Matthäusevangeliums überliefert ist. Obwohl die apokalyptischen Schriften in der Bibel nur sehr wenig Raum einnehmen, fanden sie später in manchen Kreisen große Beachtung. Lesen Sie die beiden letzten Kapitel der Johannesoffenbarung und vergleichen Sie sie mit der um 1470 entstandenen Darstellung des Jüngsten Gerichts durch den deutsch-niederländischen Maler Hans Memling. Auch andere mittelalterliche Darstellungen wie die von Stefan Lochner oder Pieter Brueghel sind zum Vergleich heranzuziehen.

In der Vorrede Martin Luthers zu seiner Übersetzung des Neuen Testaments erfährt man, dass und warum der Reformator die Johannesapokalypse ablehnte: Erstens, weil er nichts von den darin geschilderten Visionen hält; zweitens, weil er darin die von ihm kritisierte Werkgerechtigkeit erkennt, die mit Gott nach dem *Do ut des*-Prinzip verfährt, d. h. nach dem Glauben, dass Gott mich belohnen müsse, wenn ich etwas für ihn tue; drittens, weil darin Christus weder »gelehrt noch erkannt« wird. An anderer Stelle erklärt Luther dies für das Kriterium für den Umgang mit der Bibel. Diese sei für ihn nur »der rechte Prüfestein alle Bücher zu tadeln, wenn man siehet, ob sie Christum treiben oder nicht.«

Im Gleichnis vom Scheiden der Schafe von den Böcken im Matthäusevangeliums Kapitel 25, 31–46 ist festzustellen, dass nach diesem Zeugnis sich die Auserwählten beim Jüngsten Gericht ihrer guten Taten gar nicht bewusst sind und diese nicht um des Lohnes willen getan haben. Darin kann man eine Brechung des apokalyptischen Mythos sehen.

Der Textausschnitt aus der Petrusapokalypse stammt aus einem der vielen Bücher, die nicht in den Kanon der biblischen Schriften aufgenommen wurden, sondern als sogenannte apokryphe Bücher überliefert wurden. Sie können feststellen, dass die Vorstellungen von Himmel und Hölle hier wesentlich drastischer und ausführlicher ausgemalt wurden als in den biblischen Schriften.

Walter Schmithals, Professors für neutestamentliche Wissenschaft, gibt eine Erklärung, warum apokalyptische Vorstellungen am Ende der alttestamentlichen Zeit in das Judentum, das ursprünglich keinen Glauben an ein Leben nach dem Tod kannte, übernommen wurden. Die Juden übernahmen das Gedankengut der persischen Religion, die auf Zarathustra zurückging, weil der persische König Kyros ihnen die Heimkehr aus der sechzigjährigen Gefangenschaft in Babylon und den Neubau des Tempels in Jerusalem ermöglichte.

3. Der dritte Zugriff zeigt den Islam als eine Religion, die stark von apokalyptischen Vorstellungen geprägt ist. Im Koran, der nach dem Tode Mohammeds 632 zum ersten Mal schriftlich zusammengestellt wurde, finden sich viele Suren, die vom letzten Weltgericht handeln. Möglicherweise gibt es hier Einflüsse von judenchristlichen Gemeinden, die Mohammed in seiner Jugend auf Handelsreisen kennengelernt hatte. In der ersten islamischen Lebensbeschreibung Mohammeds um 750 berichtet Ibn Ishaq, dass der christliche Mönch Bahira in Syrien als Erster in ihm den künftigen Propheten erkannt hätte.

Die Sure 56 hat in ihrer Scheidung der Rechten von den Linken Ähnlichkeit mit dem Gleichnis der Scheidung der Schafen von den Böcken in Mt 25. Der Vergleich zeigt aber auch deutliche Unterschiede. Mit der Suchfunktion auf http://www.theology.de/schriften/koran/sucheinkoranhadith.php#03451d9b830c53d0b findet man unter dem Stichwort Gericht weitere Suren, die mit Sure 56 verglichen werden können.

Nach den Anschlägen vom 11. September 2001 auf das World Trade Center in New York wurde nach Erklärungen gesucht. In der Wochenzeitung *Die Zeit* erschien u. a. ein Artikel des amerikanischen Religionswissenschaftlers David Cook, der mehrere Bücher zur Apokalyptik im Islam geschrieben hat, zur Bedeutung des Dschihad für die Ausbreitung des Islams. Dabei sollte im Auge behalten werden, dass der Dschihad heute von den meisten Muslimen in erster Linie als eine geistige und im Alltag tätige Anstrengung im Glauben verstanden wird.

4. Im vierten Zugriff geht es um eine Einordnung des apokalyptischen Weges. Der evangelische Theologe Jürgen Moltmann zeigt, dass die Apokalyptik aus Rachefantasien unterdrückter Gruppen erwächst, die, wenn sie in die Tat umgesetzt werden, zum gnadenlosen Terror führen. Dem Text ist aber auch zu entnehmen, dass dies keineswegs auf den Islam beschränkt ist. Es gibt den terroristischen Fundamentalismus auch in anderen Religionen und politischen Ideologien, wie denen von Mao Tse-tung und Pol Pot. Solche Ideologien kann man auch als apokalyptische Ersatzreligionen ansehen. Die Radikalität des Kommunismus war ebenso wie die des Nationalsozialismus stark davon geprägt.

Im abschließenden Text dieses Bausteins beschreibt der Theologe Michael Tilly die Gemeinsamkeiten und Unterschiede von Apokalyptik und Mystik. Dies ist bereits ein Ausblick auf den vierten Baustein, der den mystischen Weg genauer vorstellt.

M 1   Kampf zwischen Gott und dem Teufel

End of Days (Peter Hyams, 1999)

Der heruntergekommene Alkoholiker und Ex-Cop Jericho Cane, dem durch den Tod seiner Frau und Tochter der Glaube an Gott abhanden gekommen ist, rettet bei einem Auftrag des Security-Unternehmens,
5 bei dem er arbeitet, seinem Klienten das Leben. Es stellt sich heraus, dass dieser Klient der Teufel selbst ist, welcher auf die Erde zurückgekehrt ist, um sich mit einer jungen Frau, Christine York, zu vereinigen, die er auserwählt hat, um mit ihr in der Stunde vor der
10 Jahrtausendwende den Anti-Christ zu zeugen. Dafür schlüpft er in den Körper eines Wallstreet-Bankers und nimmt die Verfolgung seiner Auserwählten auf. Diese versucht ihrem schrecklichen Schicksal zu entkommen. Jericho wird in ein Machtspiel übernatür-
15 licher Mächte verstrickt und der Kampf zwischen Gut und Böse beginnt. Der aus der Hölle zurückgekehrte Teufel tritt zu Beginn des Films als durchsichtige Masse auf und schlüpft in den Körper eines gewöhnlichen Mannes. Sein Äußeres, dunkles Haar und schwarze
20 Kleidung, weist zwar auf seine wahre Identität hin, diese ist jedoch für seine Mitmenschen rein äußerlich nicht erkenntlich. Im Endkampf in einer Kirche wenige Minuten vor der Jahrtausendwende nimmt er aber die Gestalt eines riesigen Ungeheuers an. Ge-
25 schildert wird das so:

»Da brach der Boden auf, wie von einer gigantischen Faust durchstoßen. Das Grollen wurde noch lauter. Über Jericho bröckelte das Mauerwerk, und die herabstürzenden Steine fielen auf den sich hebenden
30 Grund der Kapelle. […]

Plötzlich war es dunkel, da der Lüster an der Decke losgerissen worden war und in einem Funkenregen zu Boden stürzte. Der Aufprall wurde von dem ohrenbetäubenden Donnern verschluckt, mit dem das leibhaftige Böse zum Vorschein kam. 35

Jericho wich zurück und erstarrte in eisiger Kälte, als eine giftig-schwarze Flüssigkeit aus dem Boden schoß wie eine Fontäne aus Öl und sich zu verschiedensten Gestalten formte, die sich in der Dunkelheit auflösten. Der Geruch verbrannten Fleisches erfüllte 40 die Kapelle, und Jericho bemerkte ein Auge, das inmitten der Flüssigkeit leuchtete.

Der leere, giftige Blick eines Reptils starrte ihn durch die stinkende Schwärze an. Das Auge glitt mit hypnotischen Bewegungen über ihn, während das 45 Reptil immer größer wurde, seinen glitschigen Leib aufrichtete. Sein dampfender, warmer Atem strich wie der mächtige Windstoß eines Hurrikans über Jericho.«

Der Kampf scheint zunächst aussichtslos, da der 50 Teufel, wie er selbst äußert, unsterblich ist. Jericho hingegen ist ein sterblicher Mensch, welcher in seinem Kampf gegen das Übernatürliche zuerst lieber auf seinen Revolver setzt als auf den Glauben an Gott. Aber ein Pfarrer belehrt ihn, dass Gott nie gesagt habe, dass 55 er die Menschen rette, sondern dass sie sich durch das Vertrauen und den festen Glauben an Gott selbst retten müssen. Indem er sich selbst für Christine opfert, als der Teufel von ihm Besitz ergreifen will, kann er diesen letzten Endes für weitere tausend Jahre in die 60 Unterwelt hinunterstürzen.

1. Vergleichen Sie die Vorstellung, die der Film von dem Teufel verbreitet, mit anderen ihnen bekannten Filmen, Bildern oder Geschichten.
2. In dem Film *Im Auftrag des Teufels* (Taylor Hackford, 1997) erhalten die Bilder von Hölle und Teufel am Schluss eine symbolische Bedeutung. Untersuchen Sie, wie sich diese von den üblichen Filmen und Geschichten unterscheidet: http://www.dieterwunderlich.de/Hackford_teufel.htm#cont.

Hans Joachim Schoeps: Zarathustras Lehre von den letzten Dingen (1979)

Zarathustra hat wie das Urchristentum und der ursprüngliche Islam [aber schon weit vor diesen, vermutlich vor 600 v. Chr.] die Weltkatastrophe als unmittelbar bevorstehend verkündet. [...] Mit dem
5 Erscheinen des siegreichen Saoshyant beginnt die Auferstehung der Leiber; [...] alle Gestorbenen erhalten ihre Körper zurück, und alle Menschen versammeln sich an einem Platz. An jedem wird sein einstiges Verhalten auch äußerlich sichtbar, so daß
10 man die Gerechten von den Bösen unterscheiden kann. Der eine geht in den Himmel ein, der andere aber in die Hölle, wo er drei Tage lang an seinem Körper gepeinigt wird, während der Gute in der Seligkeit des Paradieses seinen Leiden zuschaut. Doch
15 diese dauern nur drei Tage, dann kommt das große Feuer, das sich über alle ergießt. [...] Doch das Feuer reinigt alle und verbrennt die noch anhaftenden Schlacken der Unreinheit, so daß nach der Reinigung alle, auch die Bösen – sofern sie sich nicht mit den
20 Dämonen identifiziert haben – in das Reich Ahura Mazdas kommen. [...]

Der iranische Dualismus

Die ersehnte Einheit kann also erst am Ende der Tage erreicht werden. Alle Tage *dieses* Äons (Zeitalters) aber sind von einem tief reichenden Gegensatz zwi-
25 schen Gut und Böse erfüllt. Dies ist das bekannte Phänomen des persischen Dualismus, der das Prob-
lem des Bösen durch Ausklammerung aus Gott und Verselbständigung zu einer eigenen Macht zu lösen suchte. Der alles durchziehende Gegensatz von Gut und Böse wird aber nicht nur ethisch, sondern auch 30 metaphysisch verstanden. Eine positive und eine negative Kraft, eine schaffende und eine zerstörende, stehen sich von Urbeginn an gegenüber. [...] Beide werden auch mit Licht und Finsternis zusammengebracht. Der Fürst des Lichtes ist Ahura Mazda oder 35 Ormazd, der Fürst der Finsternis ist der böse Geist Angra mainyu oder Ahriman. Alles Seiende – Menschen, Tiere, Pflanzen – ist dualistisch aufgespalten und entweder Ormazd oder Ahriman zugeordnet worden. Wie Ahura Mazda oder Ormazd mit einer 40 Schar unsterblicher Heiliger, den Amesha Spentas, umgeben ist, so gebietet Ahriman über eine endlose Schar von Teufeln und Dämonen, den Daevas, auch Druj genannt, von einer Wurzel, die wohl »trügen« bedeutet. Die Teufel werden grundsätzlich für lügne- 45 risch gehalten. Sie geben das Böse für das Gute aus. Die ganze Welt ist mit ihnen bevölkert. Alle einzelnen Übel werden auf Dämonen zurückgeführt. Und diese Welt der Teufel und Dämonen ist nach dem jüngeren Avesta stetig im Wachsen begriffen, weil die Perser 50 alles ihnen Feindliche der Teufelsmacht zurechnen und das Heer der Bösen sich aus ihren Feinden zusammensetzt. (98 f.)

Hans Joachim Schoeps: Religionen, Wesen und Geschichte, Gütersloh: Bertelsmann 1979

1. Analysieren Sie die wesentlichen Merkmale von Zarathustras Lehre und setzen Sie diese in Beziehung zu solchen, die Ihnen aus dem Christentum bekannt sind.
2. Friedrich Nietzsche verkündet 1883 in seinem Buch *Also sprach Zarathustra* eine Lehre ohne Moral »jenseits von Gut und Böse«. Untersuchen Sie, ob diese Lehre dem historischen Zarathustra entspricht.

M2 Weltgericht im Judentum und Christentum

Hans Memling: Das Jüngste Gericht, um 1470

Martin Luther: Vorrede zur Offenbarung des Johannes, 1522

Mir mangelt an diesem Buch verschiedenes, so dass ich's weder für apostolisch noch für prophetisch halte: aufs erste und allermeiste, dass die Apostel nicht mit Gesichten umgehen, sondern mit klaren und dürren Worten weissagen, wie es Petrus, Paulus, Christus im Evangelium auch tun. [...]

Dazu dünkt mich das allzuviel, dass er so streng (in Bezug auf) solch sein eigenes Buch, mehr als irgendein
5 anderes heiliges Buch tut – woran viel mehr gelegen wäre – befiehlt und drohet, wer etwas davon tue, von dem werde Gott auch tun usw. Umgekehrt sollen selig sein, die da halten, was drinne stehet, obwohl doch niemand weiß, was es ist, geschweige, dass er's halten sollte, und es ebenso viel ist, als hätten wir's nicht, auch wohl viele edle Bücher vorhanden sind, die zu halten sind. [...]

Endlich meine davon jedermann, was ihm sein Geist gibt, mein Geist kann sich in das Buch nicht schicken,
10 und ist mir dies Ursache genug, dass ich sein nicht hochachte, dass Christus drinnen weder gelehret noch erkannt wird, welches zu tun ein Apostel doch vor allen Dingen schuldig ist, wie Christus Apg. 1,8 sagt: »Ihr sollt meine Zeugen sein.« Darum bleibe ich bei den Büchern, die mir Christus hell und rein dargeben.

Vorrede zur Offenbarung Johannes (1522)

1. Lesen Sie die beiden letzten Kapitel der Offenbarung des Johannes und untersuchen Sie, welche Motive der niederländische Maler Hans Memling daraus übernommen hat.
2. Erklären Sie, warum der Reformator Martin Luther in der Vorrede zu seiner Übersetzung des Neuen Testaments diese Schrift abgelehnt hat.

Petrusoffenbarung: Das Schicksal der Gerechten und Ungerechten (um 140 n. Chr.)

Während aber wir zwölf Jünger mit ihm hingingen, brachten wir die Bitte vor, er möchte uns einen von unseren gerechten Brüdern zeigen, die die Welt verlassen haben, damit wir sehen könnten, wie beschaf-
5 fen dem Aussehen nach sie seien, und (damit wir, dadurch) getrost geworden, auch die Menschen, die uns (wiederum) hören, getrost machen könnten. Und als wir beim Beten waren, da erscheinen plötzlich zwei Männer, die vor dem Herrn stehen. Wir vermochten
10 aber zu ihnen nicht hinzublicken. Denn es ging von ihrem Angesicht ein Strahl aus wie von der Sonne, und licht war ihr Gewand, wie niemals das Auge eines Menschen eines sah. Auch vermag ein Mund nicht zu beschreiben oder ein Herz auszudenken die Herr-
15 lichkeit, mit der sie angetan waren, und die Schönheit ihres Angesichts. [...]

Als wir nun ihre Schönheit erblickten, gerieten wir in erschrockenes Staunen über sie, waren sie doch ganz plötzlich erschienen. Und ich trat an den Herrn
20 heran und sagte: »Wer sind diese?« Sagte zu mir: »Dies sind unsere gerechten Brüder, deren Aussehen ihr doch hattet sehen wollen.« [....]

Ich sah aber auch einen anderen Ort, jenem genau gegenüber, ganz in Finsternis getaucht. Und das war
25 der Ort der Strafe. Und sowohl die, die dort ihre Strafe erhielten, wie auch die Engel, die die Strafe vollzogen, hatten ein dunkles Gewand an entsprechend der (ebenfalls dunklen) Luft des Ortes. »Und einige waren dort, die waren an der Zunge aufgehängt. Das aber
30 waren die, die den Weg der Gerechtigkeit (den rechten Weg der Gebote Gottes) gelästert hatten, und unter ihnen war ein Feuer angebracht, das loderte und zu ihrer Strafe diente. Und ein großer See war da, angefüllt mit glühendem Schlamm, in dem einige Menschen
35 steckten, die die Gerechtigkeit verkehrt hatten, und Quälengel setzten ihnen hart zu. Es waren aber noch andere da, Frauen, die an den Haaren aufgeknüpft waren hoch über jenem brodelnden Schlamm. Das waren die, die sich zum Ehebruch herausgeputzt hatten.
40 Die (Männer) aber, die sich mit ihnen in der Befleckung des Ehebruchs zusammengetan hatten, waren an den Füßen aufgehängt, und die Köpfe hatten sie in dem Schlamm. Und sie sagten mit lauter Stimme: »Wir hätten niemals geglaubt, daß wir (tatsächlich)
45 an diesen Ort kommen würden.«

Und die Mörder sah ich sowie ihre Mitwisser: sie waren an einen Ort geworfen, wo es ganz eng war und von häßlichem Gewürm wimmelte, und wurden von jenen Tieren gebissen und wanden sich so dort in jener Strafe. Würmer aber setzten ihnen zu (so zahl-
50 reich) wie finstere Wolken. Die Seelen aber der (von ihnen) Ermordeten standen dabei und sahen der Bestrafung jener Mörder zu und sagten: »Gott, gerecht ist dein Gericht!«

Petrus-Offenbarung. Aus: Die apokryphen Schriften zum Neuen Testament. Übersetzt u. hrsg. v. Wilhelm Michaelis. Bremen: Schünemann 1956, 476 ff.

1. Diese schon verhältnismäßig früh nach dem Tode Jesu entstandene Schrift wurde nicht in den Kanon der biblischen Schriften, der Mitte des 4. Jh. feststand, aufgenommen. Informieren Sie sich über die Gründe und beurteilen Sie das Für und Wider dieser Entscheidung.
2. Auch in Mt 25, 31–46 geht es um die Trennung der Gerechten von den Ungerechten. Untersuchen Sie, wie sich diese von der in der Petrusapokalypse geschilderten unterscheidet.

Walter Schmithals: Der Ursprung der jüdischen Apokalyptik (1973)

Immerhin zeigt sich, daß vor allem die iranische Religion in ihrer von Zarathustra bestimmten Gestalt bei der Ausbildung der Apokalyptik einflußreich gewesen zu sein scheint, [...] wenn wir sie nicht in einzelnen
5 mythologischen [zu einer Göttergeschichte gehörenden] Vorstellungen, sondern in ihrem mythologischen Gesamtaufriß vor uns hinstellen.

Diesem Gesamtaufriß liegt die Vorstellung von einem uranfänglichen, ewigen und unaufhebbaren
10 Gegensatz zweier Prinzipien zugrunde; der gute Geist und der böse Geist, Licht und Finsternis, Ahura Mazda (Ormazd) und Angra Mainyu (Ahriman) stehen sich gegenüber. [...] In den letzten dreitausend Jahren, also in den gegenwärtigen Zeiten, wird der Kampf
15 um die Reinigung der Welt vom Bösen geführt. Dieser Kampf gipfelt dereinst im Auftreten des von Ahura Mazda gesandten Welterlösers, der das Weltende einleitet. Die Toten werden auferweckt werden. Dann müssen alle Menschen durch das Gerichtsfeuer hin-
20 durch, das vom Himmel kommt. [...]

Die Nähe zur jüdischen Apokalyptik läßt sich nicht übersehen. Die Weltwirklichkeit wird in Gestalt der Weltgeschichte erfaßt. Diese Geschichte verläuft nicht in einem Kreis ewiger Wiederholung des Gleichen,
25 sondern hat Anfang und Ende, und in solchem teleologischen [zielgerichteten] Geschichtsdenken unterscheiden sich dieser zarathustrische Parsismus und die jüdische Apokalyptik gemeinsam vom zyklischen [kreisförmigen] Geschichtsbild der übrigen antiken
30 Welt. Die Geschichte umspannt die *ganze* Welt, wird also universalistisch gefaßt. [...]

Ist damit die Herkunft der Apokalyptik geklärt? Diese Frage muß man bejahen, wenn sie nach dem Ursprung der meisten dem Alten Testament fremd-
35 den Motive und Vorstellungen fragt, in denen sich das apokalyptische Daseinsverständnis objektiviert. Die spezifisch apokalyptischen Vorstellungen stammen weitgehend aus dem Iran, und auch von den Motiven ersichtlich babylonischen Ursprungs hat man mit gutem Grund angenommen, daß sie zunächst das 40 iranische Geschichtsbild angereichert hatten und auf diesem Umweg die jüdische Apokalyptik erreichten.

Nachdem der Perserkönig Kyros im Jahre 539 v. Chr. das neubabylonische Reich erobert und damit auch die Juden Babylons und Palästinas seiner Herrschaft 45 unterworfen hatte, war nicht nur die Möglichkeit gegeben, daß sich der Parsismus mit manchen babylonischen Vorstellungen verband. Vor allem begegneten die Juden unmittelbar der persischen Religion als der Religion ihrer Herren, so daß der Übernahme 50 iranischen Gedankenguts von den äußeren Umständen her nichts im Wege stand. Und auch die innere Disposition [Einstellung] war jenen jüdischen Kreisen günstig, die sich iranischen Vorstellungen bei der Formulierung des apokalyptischen Glaubens öffne- 55 ten. Denn der Parsismus war nicht nur die Religion einer politisch überlegenen Macht, sondern auch einer den Juden willkommenen staatlichen Größe. Kyros erlaubte den babylonischen Exulanten die Rückkehr in ihre Heimat, gestattete die freie Ausübung des jü- 60 dischen Kultus und förderte den Neubau des Tempels von Jerusalem. [...] Das Judentum hat offenbar zu keiner Zeit Ursache gefunden, die persische Oberhoheit heftig zu beklagen oder gar zu bekämpfen. Iranische Vorstellungen und Gedanken wie Totenauferstehung, 65 Teufel, Engel und Dämonen, göttliche Hypostasen [eingebildete Vorstellungen] usw. durchsetzen in breiter Front und nicht nur im speziellen Bereich der Apokalyptik das jüdische Denken.

Walter Schmithals: Die Apokalyptik Einführung und Deutung. Göttingen: Vandenhoeck & Ruprecht 1973, 86 ff.

1. Nennen Sie die wichtigsten Motive der iranischen Religion.
2. Stellen Sie die Gründe zusammen, die dazu führten, dass sich apokalyptische Vorstellungen im späten Judentum verbreitet haben.

Koran: Sure 56. Das unvermeidliche Ereignis (Al-Wáqeah)

1. Wenn das Ereignis eintrifft –

2. Es gibt nichts, das sein Eintreffen verhindern könnte –,

3. Dann wird es (die einen) erniedrigen, (andere) wird es erhöhen.

4. Wenn die Erde heftig erschüttert wird,

5. Und die Berge gänzlich zertrümmert werden,

6. Dann sollen sie zu Staub werden, weithin verstreutem,

7. Und ihr sollt in drei Ränge (gestellt) werden:

8. Die zur Rechten – was (wißt ihr) von denen, die zur Rechten sein werden? –,

9. Die zur Linken – was (wißt ihr) von denen, die zur Linken sein werden? –,

10. Die Vordersten werden die Vordersten sein;

11. Das sind die, die (Gott) nahe sein werden

12. In den Gärten der Wonne.

13. Eine große Schar der Früheren,

14. Und einige wenige der Späteren,

15. Auf durchwobenen Polstern,

16. Lehnend auf diesen, einander gegenüber.

17. Ihnen aufwarten werden Jünglinge, die nicht altern,

18. Mit Bechern und Krügen und Trinkschalen (gefüllt) aus einem fließenden Born – […]

22. Und holdselige Mädchen mit großen, herrlichen Augen,

23. Gleich verborgenen Perlen,

24. Als eine Belohnung für das, was sie zu tun pflegten. […]

27. Und die zur Rechten – was (wißt ihr) von denen, die zur Rechten sein werden? –,

28. (Sie werden) unter dornenlosen Lotusbäumen (sein)

29. Und gebüschelten Bananen

30. Und ausgebreitetem Schatten

31. Bei fließenden Wassern

32. Und reichlichen Früchten,

33. Unaufhörlichen, unverbotenen.

34. Und edlen Gattinnen –

35. Wir haben sie als eine wunderbare Schöpfung erschaffen

36. Und sie zu Jungfrauen gemacht,

37. Liebevollen Altersgenossinnen

38. Derer zur Rechten; […]

41. Und die zur Linken – was (wißt ihr) von denen, die zur Linken sein werden? –,

42. (Sie werden) inmitten von glühenden Winden und siedendem Wasser (sein)

43. Und im Schatten schwarzen Rauches,

44. Weder kühl noch erfrischend.

45. Vor diesem waren sie in der Tat verbraucht durch Üppigkeit

46. Und verharrten in der großen Sünde.

47. Und sie pflegten zu sprechen: »Wie! wenn wir tot sind und zu Staub und Gebeine geworden, sollen wir dann wirklich auferweckt werden?

48. Und unsere Vorväter auch?«

49. Sprich: »Die Früheren und die Späteren

50. Werden alle versammelt werden zur gesetzten Frist eines bestimmten Tags.«

88. Wenn er nun zu denen gehört, die (Gott) nahe sind,

89. Dann (wird er) Glück (genießen) und Duft (der Seligkeit) und einen Garten der Wonne. […]

92. Wenn er aber zu den Leugnern, Irregegangenen gehört,

93. Dann (wird ihm) eine Bewirtung mit siedendem Wasser

94. Und Brennen in der Hölle

95. Wahrlich, dies ist die Wahrheit selbst.

96. Lobpreise darum den Namen deines Herrn, des Großen.

http://www.koran-auf-deutsch.de/koran-deutsch/56-das-unvermeidliche-ereignis-al-waqeah/

1. Vergleichen Sie diese Sure mit dem Gleichnis von den Schafen und den Böcken in Mt 25.
2. Geben Sie das Stichwort »Gericht« unter http://www.theology.de/schriften/koran/sucheinkoranhadith.php#03451d9b830c53d0b ein und vergleichen Sie die angegebenen Koranstellen mit dieser Sure.

David Cook: Die apokalyptischen Wurzeln des Islam (2001)

Apokalypse macht mobil. Der Glaube an das unmittelbar bevorstehende Ende der Welt verändert Menschen. Er gibt ihnen eine Kraft, die aus der absoluten Überzeugung entspringt, dass Gott auf der Seite des Gläubigen steht. Solche Menschen haben sehr klar umrissene Ziele. Und sie sind getrieben vom unbedingten Willen, über sich selbst hinauszuwachsen. Diese Faktoren finden sich bei allen wahrhaft apokalyptischen Gruppierungen. Sie schweißen diese Gruppen zu potenziell (wenn auch nicht zwangsläufig) destruktiven Organismen zusammen, denen die Außenwelt fremd und feindlich erscheint.

Sie muss besiegt und beherrscht werden. Das alles ist jedem bekannt und offensichtlich, der sich mit apokalyptischen Gruppen gleich welcher Art beschäftigt. Fraglich ist hingegen, ob der Islam selbst ein apokalyptischer Glaube ist. Und, wenn ja, was das für die übrige Welt bedeutet. Wer die apokalyptischen Muslime der Moderne verstehen will, der braucht eine klare Vorstellung von ihrer Geschichte. Denn die Vergangenheit ist für sie höchst lebendig.

Viele Theorien sind entwickelt worden, um zu erklären, wie den Muslimen innerhalb eines einzigen Jahrhunderts die Eroberung der gesamten Welt des Altertums gelingen konnte – von Tours in Frankreich bis an die zentralasiatischen Grenzen Chinas. […] Zeitgenössische Muslime [sind] selbst davon überzeugt, dass der absolute Glaube an Allah und die einigende Macht des Islam die wichtigsten Ursachen jener Erfolge waren. Doch absoluter Glaube und Einigkeit genügten nicht, um den Dschihad auszulösen. Eine dritte Komponente musste hinzukommen: die Überzeugung von der Notwendigkeit, die Welt noch rechtzeitig vor dem bevorstehenden Tag des Jüngsten Gerichts zu erobern. Um genau diese Komponente geht es hier. Vielleicht ist gar nicht so wichtig, was den Eroberungszug eigentlich veranlasste. Verstehen müssen wir vielmehr, wie moderne Muslime ihre Geschichte lesen. Diese Eroberung, Dschihad genannt, steht den historischen Quellen zufolge in engem Zusammenhang mit apokalyptischen Vorstellungen. Eine entsprechende Überlieferung lautet: »Siehe! Ich wurde mit dem Schwert geschickt (von Gott), bis die Stunde (des Jüngsten Gerichts) eintrat, und mein täglich Auskommen wurde gestellt unter den Schatten meines Schwertes.

Erniedrigung und Demütigung sei denen, die gegen meine Sache stehen.«

So verstanden, versuchten die Muslime nicht deshalb, die Welt zu erobern, weil sie sie beherrschen wollten. Sie taten, was sie taten, weil Gott es ihnen unmittelbar vor dem Weltuntergang aufgegeben hatte. Der Islam liefert das erste Beispiel dafür, was eine apokalyptische Gruppe zustande zu bringen vermag, wenn sie in kürzester Zeit einen unmöglichen Auftrag zu erledigen hat: nicht viel weniger als Weltherrschaft. Denn fast hätte sie ihr Ziel erreicht. Die revolutionärste Idee des fundamentalistischen Islam besteht deshalb in der Vorstellung, moderne Muslime könnten die Taten aus der Zeit des Propheten Mohammed im 7. Jahrhundert wiederholen. Dem gesamten Rest der Welt, einschließlich der so genannten muslimischen Länder, kommt dabei aus ihrer Sicht die Rolle der Ungläubigen zu. Es ist dieser gedankliche Hintergrund, vor dem sich die Überzeugung breit macht, ein apokalyptischer Dschihad sei nötig, um die bestehenden Missstände zu beseitigen.

David Cook, dt. Übersetzung Tobias Dürr, http://www.zeit.de/2001/39/200139_essay.cook.xml

1. Nennen Sie die Gründe, die nach der Ansicht des amerikanischen Religionswissenschaftlers David Cook den fundamentalistischen Islam antreiben.
2. Informieren Sie sich auch über den christlichen Fundamentalismus, z. B. unter http://www.trimondi.de/K.d.R/Interview.1.htm, und untersuchen Sie die Gemeinsamkeiten.

M4 Apokalyptisches Vergeltungsdenken

Jürgen Moltmann: Apokalyptischer Terrorismus (2001)

Wir kennen die apokalyptischen Bilder vom Großen Weltgericht. [...] Es ist die »Religion der Unterdrückten«, die sich in solchen Rachevisionen ausdrückt. Es sind die Verfolgten, die in ihrer Ohnmacht All-

5 machtsträume bekommen. Es sind die Gedemütigten, deren Größenwahn in Verfolgungswahn umschlägt. [...]

Es ist kein Wunder, dass heute aus dieser apokalyptischen Deutung drohender Menschheitsverbrechen

10 ein aktiver Terrorismus entstanden ist. Von der passiven Enderwartung einer unerträglich gewordenen Welt zur aktiven Beendigung dieser Welt ist der Weg nicht weit: »Besser ein Ende mit Schrecken als dieser Schrecken ohne Ende«.

15 Wir haben in den letzten Jahrzehnten eine Reihe apokalyptischer Massenselbstmorde gesehen. [...] Die erlösende »Entrückung« aus dieser untergehenden Welt war ihr Motiv.

Apokalyptischer Terrorismus kann auch zum akti-

20 ven Massenmord führen.[...] »Ohne Zerstörung kann es keinen Aufbau geben«, war Mao Tse-tungs Befehl an die Roten Garden in China. Der Massenmörder Pol Pot nahm Maos Devise in Kambodscha ernst. Seine Roten Khmer ermordeten zwei Millionen in den *kil-*

25 *ling fields* und hinterließen ein zerstörtes Land.

Seit dem 11. September 2001 sind wir mit einer neuen Qualität dieses aktiven apokalyptischen Terrorismus konfrontiert. Man wird Attentäter für Geld oder aus Überzeugung, Selbstmordattentäter aber nur

30 aus Überzeugung. Die islamistischen Terroristen fühlen sich offenbar als Märtyrer ihres Glaubens und werden von ihresgleichen hoch verehrt. Für welche Überzeugung morden sie?

Seit Jahrzehnten werden die USA von fanatisierten Massen auf den Straßen des Nahen Ostens als »der

35 große Satan« angeklagt und die westliche Welt als die verdorbene »Welt der Gottlosen« verdammt: Materialismus, Pornografie, Auflösung der Familie, Frauenbefreiung sind nur einige der Anklagen.

Man hat das im Westen nicht ernst genommen,

40 sondern als primitiv belächelt.

»Der große Satan« ist aber kein anderer als der apokalyptische »Feind Gottes«. Wer ihn schwächt und erniedrigt, ist auf Gottes Seite und verdient das Paradies. Die fixe Idee, mit Gott im Endkampf gegen die

45 Gottlosen zu kämpfen, hebt offenbar jede normale menschliche Tötungshemmung auf, erhöht die Ekstase der Macht und verwandelt Selbstmord in einen Gottesdienst. Die Selbstmordmassenmörder von New York und Washington werden sich wie Gott gefühlt

50 haben, der am Ende die Gottlosen vernichtet. Fühlen sie sich wie göttliche Henker, brauchen sie auch keine verständliche Rechtfertigung für den Massenmord. Der Sinn von Terrorismus ist – Terror. Danach soll nichts kommen. [..] Was seit dem 11. September

55 2001 ansteht, ist die terroristische Reaktion eines radikalen Flügels des islamischen Fundamentalismus gegen die Grundlagen der modernen Welt, die für sie die westliche Welt ist. [...]

Auch das Christentum kennt entsprechende Reak-

60 tionen auf die moderne Welt im orthodoxen Traditionalismus, katholischen Autoritarismus und protestantischen Fundamentalismus, hat aber im Ganzen die moderne Welt als Befreiung begriffen [...]

Jürgen Moltmann: Die Sehnsucht nach dem Ende der Welt, Was den apokalyptischen Terrorismus mit der Neuen Weltordnung verbindet, DIE ZEIT, 27. Dezember 2001

1. Erläutern Sie den Zusammenhang von Terrorismus und Apokalyptik in der Sicht des Theologen Jürgen Moltmann.
2. Stellen Sie neuere Beispiele für apokalyptischen Terrorismus zusammen und untersuchen Sie, wieweit man mit Moltmann eine Erklärung dafür finden kann.

Michael Tilly: Apokalyptisches und mystisches Denken (2012)

Die eigene Lebenserfahrung der Ausweglosigkeit und des drohenden Zukunftsverlustes wird im apokalyptischen Denken durch das Bewusstsein relativiert, dass Gott auch gegen allen Augenschein sämtliche ungelös-
5 ten Probleme im persönlichen Leben, in der menschlichen Gesellschaft und im gesamten Kosmos zu lösen vermag. Die Zukunft und das Jenseits werden zur Projektionsfläche für alle Hoffnungen und Ängste. Dabei bleibt die exklusive Verwirklichung der Heilser-
10 wartung allein der frommen Gemeinschaft oder dem frommen Individuum vorbehalten. In diesem Kontext hat die Entstehung der eschatologischen [endzeitlichen] Vorstellung von einer jenseitigen Vergeltung sämtlicher guten und bösen Taten im universalen Ge-
15 richtshandeln Gottes (das entweder Belohnung, d. h. Heil, Erlösung und ewiges Leben, oder Bestrafung, d. h. Untergang, Verderben, und ewige Verdammnis, bedeutet) ihren Ort. Die Annahme der Beseitigung der Anomalie des Todes (vgl. Gen 3,19) durch Gott
20 selbst und der leibhaftigen Auferweckung aller bereits Verstorbenen ist die entscheidende Voraussetzung für den Vollzug eines solchen ausgleichenden Gerichtshandelns. Die Heilsperspektive der Gerechten über den Tod hinaus, d. h. ihre Hoffnung auf post-
25 mortale Belohnung der Standhaftigkeit, wird so auch zum Ausdruck des Festhaltens an der umfassenden göttlichen Gerechtigkeit, die durch die aktuellen Leidens- und Martyriumserfahrungen außer Kraft gesetzt scheint (vgl. Dan 12,2). Derartige Vorstellungen eines
30 postmortalen Gerichtes im antiken Judentum stellen gegenüber der traditionellen Überzeugung, dass gerade der Tod alle Menschen gleich macht (vgl. Koh 9,3 ff.), eine entscheidende Neuerung dar. […]

Das apokalyptische Denkmodell gibt vor, eine Ent-
35 hüllung des Heilsplanes Gottes empfangen zu haben, obwohl sich dieser an der offensichtlichen Wirklichkeit nicht verifizieren lässt. Der visionäre Einblick in die Vorgänge und Zustände in der jenseitigen Welt und das esoterische [nur Eingeweihten zugängliche]
40 Wissen über ihre Auswirkungen auf die diesseitige Welt bzw. über das noch ausstehende Geschehen sind die wesentlichen Inhalte der Botschaft der apokalyptischen Bewegung und autorisieren zugleich ihre Anliegen. Das empfangene, erschlossene und verkünde-
45 te Offenbarungswissen vermag somit gegenwärtiges Unheilsgeschehen befriedigend zu erklären und seine Überwindung tröstend vorherzusagen. (14)

Eine Reihe gravierender Differenzen zwischen Apokalyptik und Mystik deutet […] darauf hin, dass die
50 beiden Systeme wohl nicht in einer genetischen Beziehung stehen. […] Der Apokalyptiker hofft auf eine heilvolle Zukunft und die Restitution [Wiedereinsetzung] des Kultes im neuen Tempel im Reich Gottes. Für den Mystiker indes ist diese Restitutionshoffnung
55 eigentlich überflüssig, denn sowohl das Heil als auch der Kult sind für ihn im himmlischen Tempel bereits gegenwärtig und wirkmächtig. Die dem apokalyptischen Seher geoffenbarten Inhalte sind Objekte seiner Erkenntnis über die Zustände und Vorgänge in
60 der transzendenten Welt und in der Zukunft. Die Erfahrungen des Mystikers betonen die kultische Dimension der Gottesbegegnung, bestehen in seiner unmittelbaren Einbeziehung in diese Zustände und Vorgänge und bewirken seine existenziale Verwand-
65 lung. (87)

Michael Tilly: Apokalyptik, Tübingen und Basel: A. Francke 2012

1. Erklären Sie die Gründe für das Vergeltungsdenken, das nach dem Theologen Michael Tilly die jüdische Apokalyptik kennzeichnet.
2. Stellen Sie die Unterschiede zwischen dem apokalyptischen und dem mystischen Glauben in einem übersichtlichen Schema zusammen.

Baustein 4: Die Sehnsucht nach Teilhabe am Ewigen Leben Gottes – Die mystische Erwartung

Unterrichtsverlauf

Ein dritter Weg, wie Menschen die Frage nach einem Leben nach den Tode beantwortet haben, ist die Mystik. Ältere Formen der Mystik finden sich im ursprünglichen Buddhismus, der den Weg in die Ichlosigkeit lehrt, und im christlichen Mittelalter vor allem bei Meister Eckhart und dessen Lehre der Gelassenheit oder Selbstvergessenheit. So heißt es bei Eckhart: »Soll die Seele Gott erkennen, so muss sie auch ihrer selbst vergessen und muss sich selber verlieren.« Durch ein weitergehendes Symbolverständnis entwickelt der mystische Weg des Lebens in Erwartung eine Ahnung von einer wunderbaren Verbindung des ewigen Lebens mit dem vergänglichen. Dadurch steht er stärker noch als der dualistische Supranaturalismus im Gegensatz zu einem gewaltbereiten apokalyptischen Fundamentalismus.

1. Ein erster Zugriff erläutert, dass der Glaube an ein Ewiges Leben in der Mystik ein Leben in gewandelter, unvorstellbarer Form annimmt, das mit unserem Alltagsleben kaum vergleichbar ist. In 1 Kor 15, 42–44 gebraucht Paulus die Bilder von Saat und Ernte, um zu zeigen: Das Samenkorn erhält in der neuen Pflanze eine ganz neue, herrliche Gestalt. In ähnlicher Weise erzählt der Pfarrer Helmut Hoffmann, wie für zwei Embryos im Mutterleib das Leben nach der Geburt sein könnte. Die kleine Geschichte erlaubt Assoziationen zum mystischen Gehalt des Bildes *Der Morgen* (1808) von Philipp Otto Runge. Runge selbst bezeichnete den Morgen als »die grenzenlose Erleuchtung des Universums«. Die einzelnen Figuren sind ähnlich wie im modernen Surrealismus nicht eindeutig zu bestimmen, sondern sollen anregen, über eine andere, tiefere Dimension der Wirklichkeit nachzudenken. Runge versuchte wie alle Romantiker den mystischen Glauben umzusetzen, dass die natürliche, sichtbare Welt verborgene, spirituelle Bedeutungen enthält, die durch das höhere Bewusstsein des Künstlers entschlüsselt und mittels einer symbolischen Sprache dem Publikum vermittelt werden könnten.

2. Der zweite Zugriff zeigt die für die Mystik typische Abwendung von der Konzentration auf das eigene Ich zu einer Hinwendung und Aufgeschlossenheit für den anderen, besonders den bedürftigen Menschen. In der Geschichte von den langen Löffeln werden die Hölle wie der Himmel anders als in der Apokalyptik ohne Höllenfeuer und Satan symbolisch verstanden und ganz auf die Frage nach der Konzentration auf das Ich bezogen. »Homo incurvatus in se«, der auf sich zurück gekrümmte Mensch. So beschrieb Martin Luther den sündhaften Menschen. Der Reformator hat 1516 als junger Theologe ein Buch eines namentlich unbekannten Mystikers, vermutlich eines Frankfurter Deutschordenspriesters, herausgegeben, den er einfach nur »Der Franckforter« nannte. Er schrieb darüber: »Ich habe weder in lateinischer noch in unserer Sprache eine heilsame Theologie gesehen.« In dieser mystischen Schrift wird ein wörtliches Verständnis von Himmel und Hölle ausdrücklich verworfen und stattdessen ein symbolisches ganz im Sinne der Geschichte von den langen Löffeln formuliert: »Die Hölle ist nichts als der Eigenwille.« Anknüpfend an den zusammenfassenden Abschlusstext des ersten Bausteins lässt sich die hier abgelehnte und die stattdessen gepriesene Haltung in der nach Werner Becker entworfenen Typologie von Teilhabe und Selbstbehauptung leicht einordnen.

Der Text des katholischen Theologen Johann Baptist Metz beschreibt die besondere Art christlicher Mystik, die die Abwendung von der Selbstbehauptung und der Konzentration auf das eigene Ich mit der »brüderlichen Liebe zum Geringsten« verbindet. Metz spricht hier von »Brudermystik«. Er gilt neben Dorothee Sölle u. a. als Begründer einer neuen politischen Theologie, die den Glauben nicht als Privatsache ansieht, sondern als Verpflichtung zum politischen Engagement für die Gerechtigkeit. Wenn Sie sich fragen, wie sich das mit seiner mystischen Tendenz verbindet, finden Sie die Lösung in dem, was er »eschatologischen Vorbehalt« nennt. Im Unterschied etwa zu kommunistischen Gruppen, die 1968 in der studentischen Jugend im Zusammenhang mit dem Vietnamkrieg plötzlich wieder viel Zustimmung fanden, will er das Endziel des Kampfes um Gerechtigkeit mit keinem erreichten geschichtlichen Zustand, also auch nicht mit der klassenlosen Gesellschaft, identifizieren. Gegenüber den endzeitlichen biblischen Verheißungen stehen alle politischen Planungen und Entwürfe unter dem Vorbehalt der Vorläufigkeit.

3. In einem dritten Zugriff werden, wie schon im zweiten Baustein, neutestamentliche Aussagen zum Ewigen Leben daraufhin untersucht, wieweit in ihnen auch schon mystische Motive zu finden sind. Aufschlussreich dazu ist bei Paulus vor allem das 15. Kapitel des ersten Briefs an die Korinther und das 8. Kapitel des Briefes an die Römer.

In dem Abschnitt aus dem Korintherbrief fällt einmal das Motiv der Verwandlung auf, das schon im ersten Zugriff eine Rolle spielte. Zum anderen spricht Paulus von der Auferstehung »in Christus« (»Denn gleichwie sie in Adam alle sterben, also werden sie in Christo alle lebendig gemacht werden.« 1.Kor. 15, 22). Die Formel »in Christus« findet sich in den Paulusbriefen über achtzigmal. Albert Schweitzer sieht darin ein wesentliches Merkmal für die Mystik bei Paulus. Es geht also weder um die Unsterblichkeit einer individuellen Seele noch um die endzeitliche Belohnung einer Gemeinschaft der Gerechten, sondern um die Teilhabe am mystischen Leib des auferstandenen Christus.

Albert Schweitzer, der nach seiner Tätigkeit als Dozent für Theologie Medizin studierte, 1913 nach Afrika ging, um dort in Lambarene als Pionier der Entwicklungshilfe ein Urwaldhospital einzurichten und der 1952 den Friedensnobelpreis erhielt, war schon 1913 in einer groß angelegten Untersuchung zur Geschichte der Leben-Jesu-Forschung zu dem Resultat gelangt, dass unsere Religion »insoweit sie sich als spezifisch christlich erweist«, »Jesusmystik« sein muss.

4. Der vierte Zugriff beschäftigt sich mit der Frage, wann nach mystischem Verständnis das Ewige Leben zu erwarten ist. Zur Einstimmung in den Text des Theologen Friedrich Schleiermacher aus der Zeit der Romantik dient das nur wenige Jahre später entstandene Bild von Caspar David Friedrich. Den »Mystiker mit dem Pinsel«, so nannte 1817 ein schwedischer Dichter den Maler Caspar David Friedrich nach einem Besuch in dessen Atelier in Dresden. Wer versucht, mystische Motive in *Zwei Männer am Meer* zu entdecken, dem wird die unendliche Weite auffallen, vor der die beiden Männer fast verschwinden und doch verbunden in einer gemeinsamen Erwartung stehen. Im Vergleich zu dem Bild von Richard Oelze von 1935/36 wirkt der Horizont eher verheißungsvoll. In dem Text von Schleiermacher, der später Professor an der neu gegründeten Humboldt-Universität in Berlin wurde, finden sich viele Motive wieder. Schleiermacher wendet sich ausdrücklich gegen ein Verständnis von Unsterblichkeit, wie Sie es in Baustein 2 über Supernaturalismus kennengelernt haben, das sich ängstlich an die Individualität klammert. Er predigt stattdessen ein mystisches Verständnis: »Mitten in der Endlichkeit Eins werden mit dem Unendlichen und ewig sein in einem Augenblick, das ist die Unsterblichkeit der Religion.«. Paul Tillich greift am Ende seiner dreibändigen *Systematischen Theologie* diese Formulierung auf und geht der Frage nach, wie diese Augenblicke im Ewigen aufbewahrt werden könnten. Im Anschluss an den Begriff der »Essentifikation« des romantischen Philosophen Schelling und an die Idee »einer ›Anreicherung‹ des göttlichen Lebens durch die geschichtlichen Prozesse« des amerikanischen Philosophen A.N. Whitehead spricht er in einer kühnen Metapher davon, »daß das Zeitliche in einem fortwährenden Prozeß zu ›ewiger Erinnerung‹ wird.«

Auch der Theologe Jürgen Moltmann greift Schleiermachers Formulierung vom Ewigen im Augenblick auf. Er verbindet sie mit dem Begriff des Advent, den er zur Bezeichnung der christlichen Hoffnung für angemessener hält als den Begriff des Futurs. Die Vorstellung, dass »ewiges Leben schon hier und jetzt mitten im vergänglichen Leben« beginnt, entspricht einem von Lukas überlieferten Wort Jesu: »Das Reich Gottes ist mitten unter euch.« (Lk 17,21) In anderer Übersetzung heißt es »Das Reich Gottes ist inwendig in euch.« In der neutestamentlichen Wissenschaft spricht man in diesem Zusammenhang von präsentischer Eschatologie. Es wäre darüber zu diskutieren, welche Übersetzung angemessener erscheint.

Die Unterschiede zwischen dem supranaturalistischen, dem apokalyptischen und dem mystischen Weg lassen sich in folgendem Schema zusammenstellen.

Leben nach dem Tode	Supranaturalismus	Apokalyptik	Mystik
Wann?	Unmittelbar nach dem Tod	Am Ende der Welt nach dem Weltgericht	Das Ewige Leben im vergänglichen Augenblick
Für wen?	Für die einzelne Seele	Für die Gemeinschaft der Gerechten	Aufgehen des Selbst im und Teilhabe am Ewigen Leben Gottes
Wo?	In der mythischen Welt der Geister und Ort der Reinigung (Fegefeuer); möglicherweise auch Wiedergeburt	Im Himmel, dem Reich des guten Gottes, und der Hölle, dem Reich des Teufels, dem mythischen Gegenspieler Gottes	Im symbolisch verstandenen mystischen Leib Christi

M 1   Leben »danach«

Helmut Hoffmann: Die Zwillinge

Es geschah, dass in einem Schoß Zwillingsbrüder empfangen wurden. Die Wochen vergingen, und die Knaben wuchsen heran. In dem Maß, in dem ihr Bewusstsein wuchs, stieg die Freude: »Sag, ist es nicht
5 großartig, dass wir empfangen wurden? Ist es nicht wunderbar, dass wir leben?!« Die Zwillinge begannen, ihre Welt zu entdecken. Als sie aber die Schnur fanden, die sie mit ihrer Mutter verband und die ihnen die Nahrung gab, da sangen sie vor Freude: Wie
10 groß ist die Liebe unserer Mutter, dass sie ihr eigenes Leben mit uns teilt!«

Als aber die Wochen vergingen und schließlich zu Monaten wurden, merkten sie plötzlich, wie sehr sie sich verändert hatten.
15 »Was soll das heißen?«, fragte der eine.

»Das heißt«, antwortete der andere, dass unser Aufenthalt in dieser Welt bald seinem Ende zugeht.«

»Aber ich will gar nicht gehen«, erwiderte der eine, »ich möchte für immer hier bleiben.«
20 »Wir haben keine andere Wahl«, entgegnete der andere, »aber vielleicht gibt es ein Leben nach der Geburt!«

»Wie könnte das sein?«, fragte zweifelnd der erste, »wir werden unsere Lebensschnur verlieren, und wie
25 sollen wir ohne sie leben können? Und außerdem haben andere vor uns diesen Schoß hier verlassen, und niemand von ihnen ist zurückgekommen und hat uns gesagt, dass es ein Leben nach der Geburt gibt. Nein, die Geburt ist das Ende!«
30 So fiel der eine von ihnen in tiefen Kummer und sagte: »Wenn die Empfängnis mit der Geburt endet, welchen Sinn hat dann das Leben im Schoß? Es ist sinnlos. Womöglich gibt es gar keine Mutter hinter allem.« Aber sie muss doch existieren«, protestier-
35 te der andere, »wie sollten wir sonst hierher gekommen sein? Und wie könnten wir am Leben bleiben?«

Philipp Otto Runge: Der Morgen, 1808

»Hast du je unsere Mutter gesehen?« fragte der eine. Womöglich lebt sie nur in unserer Vorstellung. Wir haben sie uns erdacht, weil wir dadurch unser Leben besser verstehen können.«
40
Und so waren die letzten Tage im Schoß der Mutter gefüllt mit vielen Fragen und großer Angst. Schließlich kam der Moment der Geburt. Als die Zwillinge ihre Welt verlassen hatten, öffneten sie ihre Augen. Sie schrieen. Was sie sahen, übertraf ihre kühnsten 45 Träume.

Helmut Hoffmann: Leben »danach«, aus: Klaus Berger, Wie kommt das Ende der Welt?, Gütersloh 2002

1. Lesen Sie das 15. Kapitel des ersten Briefs an die Korinther und stellen Sie die für Sie wichtigsten Aussagen zusammen, die Paulus hier über das Ewige Leben macht.
2. Vergleichen Sie die Verse 42–44 mit der Geschichte von den Zwillingen und dem Bild von Philipp Otto Runge.

M2 Himmel und Hölle symbolisch verstanden

Nossrat Peseschkian: Die langen Löffel (1979)

Ein Rechtgläubiger kam zum Propheten Elias. Ihn bewegte die Frage [...] »Wo ist die Hölle – wo ist der Himmel?« Mit diesen Worten näherte er sich dem Propheten, doch Elias antwortete nicht. Er nahm den Fragesteller an der Hand und führte ihn durch dunkle Gassen in einen Palast. Durch ein Eisenportal betraten sie einen großen Saal. Dort drängten sich viele Menschen, arme und reiche, in Lumpen gehüllte, mit Edelsteinen geschmückte. In der Mitte des Saales stand auf offenem Feuer ein großer Topf von brodelnder Suppe. [...] Der Eintopf verbreitete angenehmen Duft im Raum. Um den Topf herum drängten sich hohlwangige und tiefäugige Menschen, von denen jeder versuchte, sich seinen Teil Suppe zu sichern. Der Begleiter des Propheten Elias staunte, denn die Löffel, von denen jeder dieser Menschen einen trug, waren so groß wie sie selbst. Nur ganz hinten hatte der Stiel des Löffels einen hölzernen Griff. Der übrige Löffel, dessen Inhalt einen Menschen hätte sättigen können, war aus Eisen und durch die Suppe glühend heiß. Gierig stocherten die Hungrigen im Eintopf herum. Jeder wollte seinen Teil, doch keiner bekam ihn. Mit Mühe hoben sie ihren schweren Löffel aus der Suppe, da dieser aber zu lang war, bekam ihn auch der Stärkste nicht in den Mund. Gar zu Vorwitzige verbrannten sich Arme und Gesicht oder schütteten in ihrem gierigen Eifer die Suppe ihren Nachbarn über die Schultern. Schimpfend gingen sie aufeinander los und schlugen sich mit denselben Löffeln, mit deren Hilfe sie ihren Hunger hätten stillen können. Der Prophet Elias fasste seinen Begleiter am Arm und sagte: »Das ist die Hölle!« Sie verließen den Saal und hörten das höllische Geschrei bald nicht mehr. Nach langer Wanderung durch finstere Gänge traten sie in einen weiteren Saal ein. Auch hier saßen viele Menschen. In der Mitte des Raumes brodelte wieder ein Kessel mit Suppe. Jeder der Anwesenden hatte einen jener riesigen Löffel in der Hand, die Elias und sein Begleiter schon in der Hölle gesehen hatten. Aber die Menschen waren hier wohlgenährt und man hörte in dem Saal nur ein leises, zufriedenes Summen und das Geräusch der eintauchenden Löffel. Jeweils zwei Menschen hatten sich zusammengetan. Einer tauchte den Löffel ein und fütterte den anderen. Wurde einem der Löffel zu schwer, halfen zwei andere mit ihrem Esswerkzeug. [...] War der eine gesättigt, kam der nächste an die Reihe. Der Prophet Elias sagte zu seinem Begleiter »Das ist der Himmel!«

Nossrat Peseschkian: Der Kaufmann und der Papagei, 141; Fischer Taschenbuch 3300 – Fischer Verlag. 1979

1. Nennen Sie Merkmale, in denen Hölle und Himmel in der Geschichte von den langen Löffeln von den Ihnen bisher bekannten Merkmalen abweichen.
2. »Die Sprache der Symbole ist die Sprache der Seele.« (Hubertus Halbfas). Um Symbole zu verstehen, muss man ihren Inhalt mit seelischen Gefühlen in Verbindung bringen und sich fragen: »Was hat das Symbol mit mir und meinem Leben zu tun?« Versuchen Sie, die Geschichte symbolisch zu interpretieren.
3. Als *homo incurvatus in se ipsum*, als den in sich zurückgekrümmten Menschen, hat Martin Luther den sündigen Menschen bezeichnet. Prüfen Sie, ob diese Kennzeichnung auf die Geschichte anwendbar ist.

Der Franckforter: Wer seinen Eigenwillen aufgibt, dessen Seele wird bewahrt in das ewige Leben (um 1380)

34. Nun könnte man sagen: Da Gott einem jeden das Beste will, wünscht und tut, so sollte er auch einem jeglichen helfen und bewirken, daß ihm all sein Wille sich erfülle. […] Das aber beachte man: Wer dem Menschen zu seinem Eigenwillen hilft, der hilft ihm zum Allerbösesten. Denn je mehr der Mensch seinem Eigenwillen folgt und darin zunimmt, desto ferner ist er Gott und dem wahren Gut. Nun möchte Gott den Menschen gerne helfe und ihn bringen zu dem, was an sich selber das Beste und auch dem Menschen unter allen Dingen das Beste ist. Und soll das geschehen, so muß aller Eigenwille weg, wie zuvor gesagt worden ist, denn es brennt nichts in der Hölle als Eigenwillen. Darum sagt man: Tu ab den Eigenwillen, so gibt es keine Hölle, und dazu helfe und gebe Gott dem Menschen gerne Beistand. […] Denn des Menschen Bestes wäre und ist, daß er weder sich noch das Seine sucht oder meint. Das lehrt und rät Gott. Wer da will, daß Gott ihm helfe zum Besten und zu seinem Besten, der folge Gottes Wort und seiner Lehre und seinem Gebot, so wird und ist ihm geholfen, anders nicht. Nun lehrt und rät Gott. der Mensch solle sich selber und alles lassen und ihm nachfolgen. Denn wer seine Seele, das ist sich selber, lieb hat und behüten und bewahren will, das heißt, wer sich und das Seine in den Dingen sucht, der wird die Seele verlieren. Aber wer auf seine Seele nicht achtet und sich selber und all das Seine verliert und seinen Eigenwillen aufgibt und einzig Gottes Willen vollbringt, dessen Seele wird behütet und bewahrt in das ewige Leben.(….)

49. Man sagt, es sei von nichts so viel in der Hölle wie vom Eigenwillen. Das ist wahr. Da ist nichts andres als Eigenwille. Und gäbe es keinen Eigenwillen, so gäbe es keine Hölle und keinen Teufel. Wenn man sagt, der Teufel Luzifer sei vom Himmelreich niedergefallen und habe sich von Gott abgewendet usw., so heißt das nichts andres, als daß er seinen eignen Willen haben wollte und nicht eines Willens mit dem ewigen Willen sein wollte. So eben verhält es sich auch mit Adam im Paradies. Und wenn man Eigenwille sagt, so meint man: anders wollen als der einfältige ewige Wille will. (…)

51. Im Himmel gibt es nichts Eigenes, drum herrscht da Genügen, wahrer Friede und alle Seligkeit. Und wäre da jemand, der sich des Eigentums anmaßte, der müsste hinaus in die Hölle und ein Teufel werden. Denn in der Hölle will jedermann seinen Eigenwillen haben, darum herrscht dort lauter Unglück und Unseligkeit. So ist es auch in der Zeitlichkeit. Wäre aber jemand in der Hölle, der vom Eigenwillen und Eigentum frei würde, der käme aus der Hölle ins Himmelreich. Nun steht der Mensch in dieser Zeitlichkeit zwischen Himmel und Hölle und kann sich zuwenden, zu welchem er will. Je mehr Eigentum, um so mehr Hölle und Unseligkeit, je weniger Eigenwille, um so weniger Hölle und um so näher dem Himmelreich.

Der Franckforter: Theologia Deutsch, übertragen und eingeleitet von Alois M. Haas, Einsiedeln: Johannes Verlag 1980 (2. Auflage 1993), 97 f., 128 f., 135.

1. Diese spätmittelalterliche Schrift eines unbekannten Mystikers wurde 1516 erstmals von dem jungen Marin Luther veröffentlicht. Nennen Sie die Stellen, in denen ein wörtliches Verständnis der Hölle und des Himmels abgelehnt und ein symbolisches vorgeschlagen wird.
2. Ordnen Sie die hier eingenommene Haltung in die in Baustein 1, M 4 vorgeschlagene Typologie von Selbstbehauptung und Teilhabe ein.

Johann Baptist Metz: Die Brudermystik und der eschatologische Vorbehalt (1968)

In der christlichen Tradition ist die [...] Askese [Enthaltsamkeit] eng verwandt mit der Mystik. Auch sie ist in unseren Vorstellungen zumeist mit Welt- und Menschenferne verbunden und gewinnt für uns leicht
5 den Charakter des subjektiv Beliebigen und Privaten. Aber auch hier täuscht der erste Eindruck. Christliche Mystik ist nämlich weder eine Art pantheisierender [Gott und Welt gleichsetzender] Unendlichkeitsmystik noch ist sie eigentlich eine esoterische, zur Selbsterlö-
10 sung der einzelnen Seele drängende Aufstiegsmystik. Sie ist vielmehr – etwas pointiert gesagt – Brudermystik. Auch sie geht nicht von einer willkürlichen Menschen- und Weltverneinung aus, um sich zur gesuchten Gottunmittelbarkeit aufzuschwingen. Denn
15 der Gott des christlichen Glaubens gibt sich selbst nur in der Bewegung seiner Liebe zu den Menschen, den »Geringsten«, wie sie uns in Jesus Christus offenbar wurde. Christliche Mystik findet darum die von ihr gesuchte unmittelbare Erfahrung Gottes gerade da-
20 rin, daß sie den unbedingten Einsatz der göttlichen Liebe für den Menschen nachzuvollziehen wagt, daß sie sich hineinziehen läßt in den *descensus* Gottes, in den Abstieg seiner Liebe zu den Geringsten der Brüder hin. Nur in dieser Bewegung ist höchste Nähe,
25 höchste Unmittelbarkeit Gottes. Und darum geschieht auch die Mystik, die diese Nähe sucht, nicht außerhalb, neben oder über der Verantwortung für die Welt unserer Brüder, sondern mitten in ihr. Beide, Askese und Mystik, können und müssen christlich verstan-
30 den werden als Elemente der vor der Hoffnung des Glaubens verantworteten Welt. (94 f.)
Diese endzeitlichen Verheißungen der biblischen Tradition – Freiheit, Friede, Gerechtigkeit, Versöhnung – lassen sich nicht privatisieren. Sie zwingen
35 immer neu in die gesellschaftliche Verantwortung hinein. Gewiß, diese Verheißungen sind mit keinem erreichten gesellschaftlichen Zustand identifizierbar. In solchen Identifikationen, die die Geschichte des Christentums zur Genüge kennt, wird jener »eschatologi-
40 sche [endzeitliche] Vorbehalt« preisgegeben, durch den jeder geschichtlich erreichte Status der Gesellschaft in seiner Vorläufigkeit erscheint. Wohlgemerkt, in seiner Vorläufigkeit, nicht in seiner Beliebigkeit! Denn dieser »eschatologische Vorbehalt« bringt uns
45 nicht in ein verneinendes, sondern in ein dialektisch-kritisches Verhältnis zur gesellschaftlichen Gegenwart. Die Verheißungen, auf die er sich bezieht, sind nicht ein leerer Horizont vage schweifender religiöser Erwartung, sondern ein kritisch-befreiender Im-
50 perativ für unsere Gegenwart; sie sind Ansporn und Auftrag, sie unter den geschichtlichen Bedingungen unserer Gegenwart wirksam zu machen und sie so zu »bewahrheiten«. So verändert die Orientierung an diesen Verheißungen je neu unser gegenwärtiges ge-
55 schichtliches Dasein. Sie bringt und zwingt uns immer wieder in eine kritisch-befreiende Position gegenüber den bestehenden und uns umgebenden gesellschaftlichen Verhältnissen. [...] Die christliche Gemeinde wird im öffentlichen Bewußtsein unserer gesellsch-
60 lich-politischen Wirklichkeit die Differenz zwischen Hoffnung und Planung immer neu zur Geltung bringen: die Differenz, die besteht zwischen dem, was in jedem Zukunftsaufbruch gesucht wird, und dem, was das Erreichte einlöst.

Johann Baptist Metz: Zur Theologie der Welt, Mainz: Matthias-Grünewald-Verlag 1968, 45

1. Erläutern Sie, was der katholische Theologe Johann Baptist Metz unter »Brüdermystik« versteht.
2. Metz hat den Text 1968 geschrieben, als unter den Studenten viel darüber diskutiert wurde, ob der Kommunismus eine endgültige Lösung der Probleme der Welt bringen könnte. Erklären Sie vor diesem Hintergrund, was Metz unter »eschatologischem Vorbehalt« versteht.

M3 Teilhabe am mystischen Leib Christi

**Albert Schweitzer: Die Mystik
des Apostels Paulus (1930)**

Das »Sein in Christo« ist so lange unerklärt, als es nicht aus der Vorstellung des mystischen Leibes Christi verständlich wird.

5 Ist eingesehen, daß von der Vorstellung der vorherbestimmten Zusammengehörigkeit der Erwählten untereinander und mit dem Messias auszugehen ist, so erklärt sich die des mystischen Leibes Christi wie von selbst. Aus der Vorstellung der vorherbestimmten Zusammengehörigkeit der Erwählten unterein-
10 ander und mit Christo wurde in der Auferstehungsmystik Pauli die des gemeinsamen Teilhabens an einer in Hinsicht auf die Auferstehung bevorzugten Leiblichkeit. Aus dieser entsteht, durch sinngemäße Vereinfachung des Ausdrucks, die des mystischen Leibes
15 Christi. Das Teilhaben der Erwählten mit Christo an derselben Leiblichkeit wird zu ihrem Teilhaben am Leibe Christi. [...]

Auf diese Weise entsteht aus der ursprünglichen Vorstellung die abgeleitete und vereinfachte, daß die
20 Erwählten in den Leib Christi aufgenommen sind. An sich genommen ist sie unbegreiflich. Erklärlich wird sie nur aus der ursprünglichen. [...]

Der Leib Christi kommt für ihn nicht mehr als eine für sich bestehende Größe, sondern nur als die Stelle
25 in Betracht, von der aus das mit Jesus Christus anhebende Sterben und Auferstehen auf die Leiblichkeit der mit ihm zusammengehörigen Erwählten übergreift, wie auch die Erwählten nicht mehr für sich existieren, sondern nur noch Leib Christi sind. (118 f.) [...]
30 Der am Leibe Christi teilhabende Erwählte wird eine neue Kreatur durch Vorwegnahme seiner Auferstehung. [...]

In Pauli Mystik vom Teilhaben am Leibe Christi sind seine Hoffnung auf das Reich Gottes und seine Gewißheit von der Gotteskindschaft enthalten. Dar- 35 um handelt er im übrigen so wenig von diesen beiden Stücken als solchen. [...]

Das Christentum ist also Christusmystik, das heißt gedanklich begriffene und im Erleben verwirklichte Zusammengehörigkeit mit Christo als unserem Herrn. 40 Indem Paulus Jesum kurzweg als unseren Herrn bezeichnet, erhebt er ihn über alle zeitlich gegebenen Vorstellungen hinaus, in denen das Geheimnis seiner Persönlichkeit begriffen werden kann, und stellt ihn als das alles menschliche Definieren überragende geis- 45 tige Wesen hin, an das wir uns hinzugeben haben, um in ihm die wahre Bestimmtheit unseres Daseins und unseres Wesens zu erleben.

Alle Versuche, dem Christentum den Charakter als Christusmystik zu nehmen, bedeuten eine ohnmächti- 50 ge Auflehnung gegen den Geist der Erkenntnis und der Wahrheit, der in dem ersten und größten aller christlichen Denker zu Worte kommt. Wie die Philosophie von tausend Abwegen zuletzt immer wieder zur elementaren Einsicht zurückkehren muß, daß alle wahr- 55 haft tiefe und lebendige Weltanschauung mystischer Art ist, insofern als sie irgendwie in bewußter und wollender Hingabe an den geheimnisvollen unendlichen Willen zum Loben besteht, aus dem wir sind, so kann das christlich bestimmte Denken nicht anders, 60 als diese Hingabe an Gott, wie Paulus es schon tut, als in der Gemeinschaft mit dem Wesen Jesu Christi zustande kommend zu begreifen.

Albert Schweitzer: Die Mystik des Apostels Paulus, 1930

---

1. Erklären Sie, was Albert Schweitzer unter dem »mystischen Leib Christi« versteht.
2. Vergleichen Sie die Vorstellung von der Auferstehung in Christus mit der supranaturalistischen Vorstellung der Unsterblichkeit der Einzelseele.

Caspar David Friedrich: Zwei Männer am Meer, 1817

Richard Oelze: Erwartung, 1935/36 © Richard Oelze, Erbe bzw. Rechteinhaber Till Bernhard Schargorodsky

1. Die beiden Bilder drücken unterschiedliche Erwartungshaltungen aus. Ziehen Sie zu deren Beschreibung den Text von Ernst Bloch (M1 in Baustein 1) heran.
2. Beschreiben Sie, mit welchen Mitteln die Maler ihre unterschiedliche Wirkung erzielen.

Friedrich Schleiermacher: Eins werden mit dem Unendlichen und ewig sein in einem Augenblick (1799)

Was aber die Unsterblichkeit betrifft, so kann ich nicht [ver]bergen, die Art, wie die meisten Menschen sie nehmen und ihre Sehnsucht darnach ist ganz irreligiös, dem Geist der Religion gerade zuwider, ihr Wunsch
5 hat keinen andern Grund, als die Abneigung gegen das, was das Ziel der Religion ist. Erinnert Euch wie in ihr alles darauf hinstrebt, daß die scharf abgeschnittenen Umrisse unsrer Persönlichkeit sich erweitern und sich allmählich verlieren sollen ins Unendliche, daß
10 wir durch das Anschauen des Universums so viel als möglich eins werden sollen mit ihm; sie aber sträuben sich gegen das Unendliche, sie wollen nicht hinaus; sie wollen nichts sein als sie selbst und sind ängstlich besorgt um ihre Individualität. Erinnert euch wie es das
15 höchste Ziel der Religion war, ein Universum jenseits und über der Menschheit zu entdecken, und ihre einzige Klage, daß es damit nicht recht gelingen will auf dieser Welt; Jene aber wollen nicht einmal die einzige Gelegenheit ergreifen, die ihnen der Tod darbietet,
20 um über die Menschheit hinauszukommen; sie sind bange, wie sie sie mitnehmen werden jenseits dieser Welt und streben höchstens nach weiteren Augen und besseren Gliedmaßen. Aber das Universum spricht zu ihnen wie geschrieben steht: wer sein Leben ver-
25 liert um meinetwillen, der wird es erhalten, und wer es erhalten will, der wird es verlieren. Das Leben was sie erhalten wollen ist ein erbärmliches, denn wenn es ihnen um die Ewigkeit ihrer Person zu tun ist, warum kümmern sie sich nicht ebenso ängstlich um das was
30 sie gewesen sind, als um das was sie sein werden und was hilft ihnen das vorwärts wenn sie doch nicht rückwärts können? Über die Sucht nach einer Unsterblichkeit, die keine ist, und über die sie nicht Herren sind, verlieren sie die, welche sie haben könnten, und das
35 sterbliche Leben dazu mit Gedanken, die sie vergeblich ängstigen und quälen. Versucht doch aus Liebe zum Universum Euer Leben aufzugeben. Strebt darnach schon hier Eure Individualität zu vernichten, und im Einen und Allen zu leben, strebt darnach mehr zu
40 sein als Ihr selbst, damit Ihr wenig verliert, wenn Ihr Euch verliert; und wenn Ihr so mit dem Universum, soviel ihr hier davon findet, zusammengeflossen seid, und eine größere und heiligere Sehnsucht in Euch entstanden ist, dann wollen wir weiter reden über die
45 Hoffnungen, die uns der Tod gibt, und über die Unendlichkeit zu der wir uns durch ihn unfehlbar emporschwingen.

Das ist meine Gesinnung über diese Gegenstände. […] Die Unsterblichkeit darf kein Wunsch sein, wenn sie nicht erst eine Aufgabe gewesen ist, die Ihr gelöst
50 habt. Mitten in der Endlichkeit Eins werden mit dem Unendlichen und ewig sein in einem Augenblick, das ist die Unsterblichkeit der Religion. (72 ff.)

Auf dem Wege der abgezogensten Selbstbeschauung das Universum zu finden war das Geschäft des
55 uralten morgenländischen Mystizismus, der mit bewundernswerter Kühnheit das unendlich Große unmittelbar anknüpfte an das unendlich Kleine, und alles fand dicht an der Grenze des Nichts. (98)

Friedrich Schleiermacher: Über die Religion, 1799

1. Arbeiten Sie die beiden unterschiedlichen Bedeutungen von Unsterblichkeit heraus, die der Theologe Friedrich Schleiermacher in seinem Text unterscheidet, und stellen Sie diese in einer Tabelle gegenüber.
2. Kennzeichnen Sie seine Position, setzen Sie diese in Beziehung zu seinem Verständnis von »morgenländischem Mystizismus« und nehmen Sie dazu Stellung.
3. Untersuchen Sie, welches der beiden Bilder auf der vorigen Seite besser zu dem Text von Schleiermacher passt, und begründen Sie Ihre Ansicht.

Paul Tillich: Die Gegenwart des Ewigen im Zeitlichen (1963)

Gerade das [...] ist die mystische Erfahrung, nämlich die Erfahrung der Gegenwart des Ewigen im Zeitlichen. (278)

Hier erhebt sich zunächst die Frage, wie sich der
5 Übergang vom Zeitlichen zum Ewigen vollzieht. [...] In einer kühnen Metapher könnte man sagen, daß das Zeitliche in einem fortwährenden Prozeß zu »ewiger Erinnerung« wird. Aber *ewige* Erinnerung ist lebendige Bewahrung der erinnerten Sache. Sie ist zugleich
10 Vergangenheit, Gegenwart und Zukunft, eine transzendente Einheit der drei Zeitmodi. [...]

Um wieder das Bild von der »ewigen Erinnerung« zu gebrauchen, können wir sagen, daß das Negative kein Gegenstand der ewigen Erinnerung als le-
15 bendiger Bewahrung des Erinnerten ist. Aber es wird auch nicht vergessen, denn vergessen setzt zumindest einen Augenblick des Erinnerns voraus. Das Negative wird überhaupt nicht erinnert; es wird als das »durchschaut«, was es ist, als Nicht-Sein. Trotzdem
20 bleibt es nicht ohne Wirkung auf das, was auf ewig erinnert wird. Es ist in der ewigen Erinnerung als das gegenwärtig, was überwunden und in sein nacktes Nicht-Sein geworfen ist (wie z. B. eine Lüge). Das ist die Seite der Verdammung in dem, was symbo-
25 lisch als Jüngstes Gericht bezeichnet wird. [...] Die Behauptung, daß das Positive im Universum Gegenstand der ewigen Erinnerung sei, [...] führt zu der weiteren Frage, wie sich das Positive zum essentiellen Sein, und im Gegensatz dazu, zum existentiellen
30 Sein verhält. [...] Schelling hat das »Essentifikation« genannt. Nach der indischen Auffassung schafft der gesamte Weltprozeß nichts Neues; er besteht aus dem Abfall vom essentiellen Sein und der Rückkehr zu ihm.

Aber der Begriff »Essentifikation« kann auch bedeuten,
35 daß das Neue, das sich in Raum und Zeit verwirklicht hat, zu dem essentiellen Sein etwas hinzufügt, indem es dieses mit dem Positiven verbindet, das in der Existenz geschaffen wird, und so das unbedingt Neue, das »Neue Sein«, schafft, nicht fragmentarisch wie in allem
40 zeitlichen Leben, sondern als vollkommener Beitrag zu dem Reich Gottes in seiner Erfüllung. Man könnte von einer »Anreicherung« des göttlichen Lebens durch die geschichtlichen Prozesse sprechen. Dieser Gedanke gibt, wenn auch noch so metaphorisch und
45 unangemessen ausgedrückt, jeder Entscheidung und jeder Schöpfung in Raum und Zeit unendliches Gewicht und bestätigt die Ernsthaftigkeit dessen, was mit dem Symbol des Jüngsten Gerichts gemeint ist. Die Teilhabe am Ewigen Leben hängt ab von einer schöpfe-
50 rischen Synthese der essentiellen Natur eines Wesens mit dem, was es in seiner zeitlichen Existenz daraus gemacht hat. Insoweit es vom Negativen beherrscht ist, wird es in seiner Negativität enthüllt und von der ewigen Erinnerung ausgeschlossen. In dem Maße aber,
55 in dem das Essentielle in ihm die existentielle Verzerrung überwunden hat, hat es einen höheren Rang im Ewigen Leben. (452 f.)

Symbolisch gesprochen, könnte man sagen, daß das Leben in der gesamten Schöpfung und, auf besondere
60 Art, in der menschlichen Geschichte in jedem Augenblick der Zeit zum Reich Gottes und zum Ewigen Leben beiträgt. Was sich in Raum und Zeit ereignet, in dem kleinsten Stück Materie wie in der größten Persönlichkeit, ist von Wichtigkeit für das Ewige Leben.
65 Und da das Ewige Leben Teilhabe am göttlichen Leben ist, ist jedes endliche Geschehen wichtig für Gott.

Paul Tillich: Systematische Theologie, (1963) Bd. III, Stuttgart: Evangelisches Verlagshaus 1966, 448 ff.

1. Erläutern Sie den Zusammenhang zwischen Tillichs Verständnis von »ewiger Erinnerung« und »Essentifikation«.
2. Erklären Sie, warum seiner Ansicht nach »jedes endliche Geschehen wichtig für Gott« ist.

Jürgen Moltmann: Das Kommen Gottes als Adventus des erfüllten Lebens (1995)

Die europäischen Sprachen haben durchweg zwei Möglichkeiten, von der Zukunft zu sprechen: das *futurum* bezeichnet das, was wird, der *adventus* das, was kommt. Damit sind zwei verschiedene Konzeptionen
5 der Zeit verbunden. [...] Ist Zukunft *(futurum)* ihr ewiger Werdeprozeß, dann ist Vergangenheit ihr ewiger Sterbeprozeß. Die Materie ist *mater* und *moloch* zugleich, gebärende und verschlingende Mutter wie die indische Göttin *Kali* in Kalkutta. Im Prozeß des
10 immerwiederkehrenden »Stirb und Werde« sind die Zeiten gleich. [...] In dieser Konzeption von Zeit gibt es keinen Primat der Zukunft, keine Kategorie Novum und im Grunde auch kein »Prinzip Hoffnung« (Ernst Bloch).

15   Das deutsche Wort »Zukunft« ist keine Übersetzung des lateinischen *futurum,* sondern des *adventus.* [...] Die Zukunft als die Macht Gottes in der Zeit muß dann als die Quelle der Zeit verstanden werden. [...] Mit der Ankunft der Herrlichkeit Gottes endet
20 die zukünftige Zeit, es beginnt ewige Zeit. Ohne solche Verwandlung der Zeit kann Eschatologie nicht gedacht werden. Das ergibt sich eigentlich schon aus der Vorstellung von der Auferstehung der Toten und dem Leben der zukünftigen Welt, in der der Tod nicht
25 mehr ist, denn alle Zeitreflexionen hier und jetzt sind vom *memento mori* [»Erinnere dich daran, dass du sterben musst!«] bestimmt. (43 f.)

[...] Erfahrung der Gegenwart als *Augenblick.* Damit ist in der deutschen Sprache eine mystische »Tie-
30 fendimension der Zeit« gemeint: *Nunc aeternum.* Dem Ewigen gegenüber gibt es nur eine Zeit: Gegenwart. Als ein »Atom der Ewigkeit« fällt der erfüllte Augenblick aus der Sukzession der Zeit heraus, unterbricht den Zeitfluß, hebt die Unterscheidung der Zeiten in

Vergangenheit und Zukunft auf, ist eine Ekstase aus 35 diesem zeitlichen in das ewige Leben. Ewigkeit in der Zeit ist keine Kategorie des extensiven [ausgedehnten], sondern des *intensiven Lebens. Gegenwart der Ewigkeit* ereignet sich im ganz und gar gelebten Augenblick durch ungeteilte Präsenz im Präsens. Bin 40 ich ganz da, gebe ich mich ganz, setze ich mich ganz aus, vermag ich ganz zu verweilen, dann erfahre ich gegenwärtige Ewigkeit. Es ist die Erfahrung der »Fülle der Zeit« in der Ganzheit des gelebten Lebens: alle Zeit wird Gegenwart. Das ist mitten in der geschicht- 45 lichen Zeit zwar nur eine augenblickshafte Erfahrung der Ewigkeit, aber es ist eine Erfahrung der Ewigkeit. Hier ist Ewigkeit nicht nur Gleichzeitigkeit, sondern auch *absolute Gegenwärtigkeit.* [...] Der ganze, gleichzeitige und vollkommene Besitz und Genuß des Le- 50 bens ist die Fülle der Zeit in der Fülle des geliebten Lebens. [...] Ewiges Leben hat nichts mit Zeitlosigkeit und Tod zu tun, sondern ist *erfülltes Leben.* Weil wir in der geschichtlichen Zeit erfülltes Leben nur in Gestalt augenblickshafter Ewigkeit erfahren, entsteht der 55 Hunger nach einer ganz und gar ungetrübten Lebensfülle und also nach dem ewigen Leben. [...] Trennung von Gott, der Quelle des Lebens, durch Absonderung führt dazu, Zeitlichkeit als Vergänglichkeit zu erfahren und den Tod als ihr universales Ende anzusehen. 60 Anders ist die Erfahrung des zeitlichen Lebens, wenn der Austritt aus der Zeit im erfüllten Augenblick als Eintritt der Ewigkeit erfahren wird. Dann beginnt ewiges Leben schon hier und jetzt mitten im vergänglichen Leben und macht das irdische Leben zu einem 65 Präludium [Vorspiel] seiner selbst. (320 f.)

Jürgen Moltmann: Das Kommen Gottes, Christliche Eschatologie, Gütersloh: Kaiser, Gütersloher Verlags-Haus, 1995

1. Arbeiten Sie den Unterschied von *futurum* und *adventus* nach Moltmann heraus.
2. Erläutern Sie, was er mit der »mystischen Tiefendimension der Zeit« meint und bringen sie dies mit ihrem bis hierher erarbeiteten Verständnis von Mystik in Verbindung.